GESCHICHTE UNTERRICHTEN

Clemens Krüger

Fronterfahrung und Heimatalltag im Ersten Weltkrieg

Feldpost als Quelle

Bibliografische Information der Deutschen Nationalbibliothek

Die Deutsche Nationalbibliothek verzeichnet diese Publikation in der Deutschen Nationalbibliografie; detaillierte bibliografische Daten sind im Internet über http://dnb.d-nb.de abrufbar.

Die Reihe „Geplante und erprobte Stunden" wird herausgegeben von
Hans-Jürgen Pandel und Gerhard Schneider

www.wochenschau-verlag.de

Satz und Layout: Anne Fuß, Frankfurt/M.
Gesamtherstellung: Wochenschau Verlag
Gedruckt auf chlorfreiem Papier

Printed in Germany

ISBN 978-3-89974558-0

Inhalt

„Geplante und erprobte Stunden"

Blickt man in die Kataloge der Schulbuchverlage, könnte man den Eindruck gewinnen, dass es an Entwürfen für den Geschichtsunterricht nicht mangelt. Bei genauerem Hinsehen entpuppen sich diese aber allenfalls als Unterrichtsergänzungsmaterialien oder als Material für die Vorbereitung des Lehrers. Das gilt auch für die meisten „Unterrichtsentwürfe", die in den einschlägigen Zeitschriften für den Geschichtsunterricht veröffentlicht werden. In vielen Fällen sind sie im Unterricht nie „gelaufen", haben sich also keinem wirklichen Praxistext gestellt. In der neuen Reihe „Geplante und erprobte Stunden" werden hingegen Unterrichtseinheiten präsentiert, die im Unterricht – teilweise mehrfach – erprobt und nach entsprechenden Praxiserfahrungen revidiert wurden.

In dieser Reihe werden Unterrichtseinheiten veröffentlicht, die in der Zweiten Phase der Lehrerausbildung (Referendariat) erarbeitet wurden. In sie wurde von den Unterrichtenden beträchtliche Arbeit und oft auch viel Innovationsgeist investiert. Es ist bedauerlich, dass diese Unterrichtseinheiten bisher nicht zur Veröffentlichung gelangten. ***„Geplante und erprobte Stunden"*** bietet die Möglichkeit, solche Unterrichtseinheiten zu veröffentlichen. Fachseminarleiterinnen und -leiter sowie Referendarinnen und Referendare sollten sich angesprochen fühlen, Manuskripte zu liefern und damit zu einer verbesserten Unterrichtskultur beizutragen.

Die Einheiten werden von Verlag und Herausgebern konzeptuell nicht vereinheitlicht. Sie folgen keinem vorgegebenen einheitlichen Planungs-, Lernziel- oder Kompetenzmodell, sondern sollen die unterschiedlichen bildungspolitischen Vorgaben der einzelnen Bundesländer (und Studienseminare) widerspiegeln. Im Vergleich können sich Stärken und Schwächen der einzelnen Modelle zeigen.

Die Einheiten, die in ***„Geplante und erprobte Stunden"*** erscheinen, enthalten folgende Elemente:

- Eine Unterrichtsequenz von mehreren Stunden (ca. 5 bis 8). Das Thema dieser Sequenz wird unter besonderer Berücksichtigung eines bestimmten Aspekts – eines Mediums, eines Prinzips, einer Methode – erarbeitet;
- didaktisch-methodische Überlegungen zu dem besonderen Aspekt mit Angaben zu Kompetenzen und Standards;
- Verlaufsplanungen mit Artikulationsstufen für jede Stunde;
- die eingesetzten Unterrichtsmaterialen als kopierfähige Arbeitsblätter mit Arbeitsaufträgen;
- Lösungsvorschläge für die Arbeitsblätter;
- Literatur- und Materialhinweise.

Unterrichtseinheiten, die besondere lokale Gegebenheiten (Ereignisse, Bauwerke oder bestimmte Museen) zum Thema haben, eignen sich nicht Die Einheiten sollen bundesweit einsetzbar sein.

Freiburg/Halle im Juli 2010

Hans-Jürgen Pandel/Gerhard Schneider

1. Sachanalyse und Forschungsstand

Die Deutung des Ersten Weltkriegs von 1914-1918 als „Urkatastrophe des 20. Jahrhunderts" von George F. Kennan[1] im Sinne einer Kausalkette vom Ersten über den Zweiten Weltkrieg bis hin zum Kalten Krieg bleibt in der Fachwissenschaft umstritten. Dennoch steht die vielschichtige historische Bedeutung dieses verheerenden Konflikts für die Geschichte des vergangenen Jahrhunderts und auch für unsere Gegenwart außer Frage.

Als tiefere Ursachen für diesen Krieg können die damals zum Teil seit Jahrzehnten schwelenden komplexen machtpolitischen Konflikte zwischen den europäischen Großmächten angesehen werden – von Rivalitäten in der Kolonialpolitik über den deutsch-britischen Wettlauf im Flottenbau und das deutsch-französische Wettrüsten bis hin zu den panslawistischen Freiheitsbewegungen in Osteuropa und auf dem Balkan, die von Russland unterstützt wurden. Eine besonders beschleunigende Wirkung für den Kriegsausbruch hatten darüber hinaus die ab 1907 mit dem britisch-russischen Interessenausgleich einsetzende Erstarrung der europäischen Bündnissysteme, die zunehmend ihren defensiven Charakter verloren, sowie die übereilten Ultimaten und Mobilmachungen 1914.

Krieg und Zivilisation. Postkarte aus dem Ersten Weltkrieg. Unbekannter Künstler

Den Auslöser für die Kampfhandlungen lieferten freilich die tödlichen Schüsse auf den österreichischen Thronfolger Erzherzog Franz Ferdinand am 28. Juni 1914 in Sarajewo durch einen serbischen Attentäter. Österreich-Ungarn betrachtete Serbien als Drahtzieher dieses Anschlags und als Förderer der für die Doppelmonarchie bedrohlichen panslawistischen Freiheitsbewegungen. Sein militärisches Vorgehen gegen Serbien führte in Verbindung mit der Unterstützung durch Kaiser Wilhelm II. zu einem unheilvollen Greifen der Bündnisse und ebnete den Weg in die Katastrophe.

Der Erste Weltkrieg setzte in militärischer Hinsicht mit einem bis dahin unbekannten Grad an Technisierung und mit dem Einsatz einer Vielzahl neuer Kampfmittel (z.B. „Maschinen"gewehr, Flugzeuge, Zeppeline, Tanks, Giftgas) einen neuen schrecklichen Maßstab der Vernichtung und forderte mit fast 9,5 Millionen Toten mehr Opfer als je ein Krieg zuvor. In geographischer Hinsicht veränderte er die europäische Landkarte fast noch einschneidender als der Zweite Weltkrieg. Das durch den Krieg verstärkte nationalistische Denken in Ost- und Südosteuropa besiegelte das Ende des Vielvölkerstaates Österreich-Ungarn und führte zur Entstehung der meisten Staaten, die das Gesicht der europäischen Landkarte bis heute prägen.

Der Komplexität des Gegenstands entspricht die Vielzahl der unterschiedlichen Forschungsansätze, die heute existieren: Neben die Politik- und Militärgeschichte sowie die Sozial- und Wirtschaftsgeschichte tritt heute besonders die Alltags- und Erfahrungsgeschichte. Sie wird hier im Sinne einer primär phänomenologischen Auseinandersetzung mit Krieg als Schlüsselproblem der menschlichen Existenz als leitende Perspektive gewählt. Diesem Ansatz ist eigen, dass er in erster Linie nach den Lebensverhältnissen und Alltagserfahrungen der Menschen – nicht nur in Deutschland – fragt.

Die Vorkriegserfahrungen von Frauen und Männern waren bis zum Zeitpunkt der Einberufung der Soldaten von ähnlichen Lebensbedingungen geprägt. Hinsichtlich des Kriegsausbruchs 1914 ist dabei entscheidend, dass nicht von einer Kriegsbegeisterung allerorten, sondern von einer sozial differenzierten, insgesamt sehr heterogenen Gefühlslage und von Zukunftsängsten und Sorgen um die Angehörigen auszugehen ist. Begeisterung ist vor allem in einem studentischen Umfeld besonders patriotischer Kriegsfreiwilliger anzutreffen.

Später waren die Kriegserfahrungen an der Front und in der Heimat trotz vieler Parallelen sehr verschieden. Der ursprünglich propagierte Verteidigungskrieg war umgehend zu einem Eroberungskrieg geworden. Angesichts der Mensch und Natur buchstäblich pulverisierenden Materialschlachten von Marne, Somme und Verdun machten die Soldaten an der Front die desillusionierende Erfahrung, dass die romantisch-heroischen Männlichkeits- und Tapferkeitsideale der Vergangenheit, wie sie die Propaganda immer noch zu vermitteln suchte, endgültig gescheitert waren. An einer Front von über 700 km und in einem 40 000 km umfassenden Grabensystem allein an der Westfront erlebte der mit der Aura des Vaterlandsverteidigers ausgezogene Soldat militärische Ab- und Entwertung und soziale und körperliche Entwürdigung und Entmenschlichung. Er war tage-, monate-, jahrelang bei ungenügenden Ruhephasen dem sinnlosen anonymen Massensterben, den Unbilden des Wetters in verschlammten Erdlöchern und oft auch den Schikanen der Vorgesetzten ausgesetzt. Dies alles hatte eine ausgeprägte Kriegsmüdigkeit und eine Friedenssehnsucht zur Folge, die in Verbindung mit einer sich stetig verschlechternden Versorgungslage zu einer starken Politisierung der Soldaten führte. Diese äußerte sich in einer mehrheitlich deutlichen Ablehnung künftiger Kriege, in der Solidarität mit den Schicksals- und Leidensgenossen in den feindlichen Gräben und in einem wachsenden Misstrauen gegenüber der eigenen Führung. Bis 1918 schlug sich dies allerdings aufgrund ausgeprägter sozialer Rollenerwartungen und des Pflichtbewusstseins gegenüber der Heimat nur in vereinzelten Verweigerungsakten und Desertionen nieder.

Die Perspektive der Frauen und Kinder ist eine wichtige Ergänzung zu den Kriegserfahrungen der Männer an der Front und macht deutlich, dass auch die Heimat direkt unter dem Krieg zu leiden hatte und auch direkt an ihm beteiligt war. Der Sorge der Soldaten um ihre ebenfalls unter Lebensmittelmangel und ab 1916 auch unter Hunger leidenden Frauen und Familien in der Heimat entsprach umgekehrt deren Sehnsucht nach dem Ehemann und Vater sowie die Angst, bei dessen Tod ohne Einkommen dazustehen. Die bei Abwesenheit der Männer drastische Verringerung des Familieneinkommens wurde durch die staatliche Fürsorge und private Unterstützungsaktionen bei weitem nicht aufgefangen. Während der britischen Seeblockade und wegen des Versorgungsvorrangs der Armee machte sich die Nahrungsmittelknappheit in der Heimat deutlich stärker bemerkbar als an der Front. Die Produktion von Brotgetreide fiel von 1914 bis 1917 um 42,8 Prozent, und Kartoffeln standen aufgrund der langen und harten Winter nicht in ausreichender Menge zur Verfügung. Es waren also in erster Linie existenzielle Zwänge und seltener patriotische Motive, die viele Frauen der unteren Schichten in traditionelle Männerberufe (Briefträger, Schaffner, Straßenkehrer etc.) und auch in die Rüstungsfabriken trieben, die unter chronischem Arbeitskräftemangel litten. Die emanzipatorische Wirkung dieser Lebenssituation, die die Frauen zwischen Kinderbetreuung, Lebensmittelbeschaffung und Fabrikarbeit förmlich aufrieb, ist lange überschätzt worden. Den Frauen war zwar 1919 das Wahlrecht zugestanden worden, sie wurden bei Kriegsende aber auch häufig wieder entlassen, um den

Eine Folge des Ersten Weltkriegs: Novemberrevolution in Deutschland. Revolutionäre Arbeiter und Soldaten, Berlin 1918

heimkehrenden Männern wieder Platz zu machen. Die Arbeit der Frauen in den Fabriken war wegen des Umgangs mit Rüstungsgütern und Munition sehr gefährlich und führte häufig zu tödlichen Unfällen.

Solange Lebensmittel noch frei verkäuflich waren, häuften Wohlhabende Vorräte an und verstärkten dadurch soziale Spannungen. Die Behörden standen Verteilungskonflikten gegenüber, die trotz Rationierungen über Lebensmittelkarten, trotz Massenspeisungen und „Ersatzlebensmitteln" wegen des objektiven Lebensmittelmangels nicht zu lösen waren. In Verbindung mit der Lohnfrage in den Fabriken führte dieser Umstand in gewisser Parallele zur Front zu einem Ansehensverlust der staatlichen Autoritäten, der sich ebenfalls in einer deutlichen Politisierung der Frauen und in Protesten und Streiks niederschlug. Der Umsturz der politischen Verhältnisse durch die Novemberrevolution 1918 hatte auch darin seine Ursachen.

2. Didaktische und methodische Hinweise

Die Kompetenzorientierung hat mittlerweile in alle Rahmenpläne Einzug gehalten. Sie hat die einseitige und überholte „Stofforientierung" des Geschichtsunterrichts abgelöst und neue Antworten auf die Frage nach dem Sinn der Auseinandersetzung mit Geschichte geliefert. Grundlage der Themen- und Schwerpunktwahl für diese Unterrichtseinheit ist die Hypothese, dass es Schülerinnen und Schülern bei der Behandlung von Alltag und Erfahrung im Geschichtsunterricht wegen der starken Bezüge zur eigenen Lebenswelt leichter gelingt, stimmige Vorstellungen und Deutungen vergangener Wirklichkeit zu entwickeln. Sie können so narrative Kompetenz als eine fachspezifische und zentrale Kompetenz des Geschichtsunterrichts aufbauen.

Als didaktische Zugangsweise wird der Einheit Multiperspektivität (genauer: Kontrastivität) zu Grunde gelegt, wobei Handlungsorientierung und Kontroversität als komplementäre Zugangsweisen fungieren. Die Multiperspektivität/Kontrastivität entspricht dabei „der Grundtatsache der Perspektivität menschlicher Wahrnehmung, Deutung und Orientierung".[2] Sie verweist die Schülerinnen und Schüler auf ihre eigene Perspektivität und auf den Konstruktcharakter der eigenen Deutungen und ermöglicht so eine Standpunktreflexion, die Grundlage für die Entwicklung narrativer Kompetenz sein muss. Handlungsorientierung ist als komplementäre Zugangsweise deswegen besonders geeignet, weil es zur Ausbildung nachhaltiger narrativer Strukturen notwendig ist, neue Lerninhalte an vorhandene Deutungs- und Erfahrungsmuster anzubinden. Eine Handlung kann die Verknüpfung der „Sachlogik des Gegenstands" mit der „Lernlogik des Individuums" im Rahmen eines ganzheitlichen Lernansatzes unterstützen.[3] Auch die Bedeutung von Emotionalität für die Nachhaltigkeit des Lernens, die mit der Kognition Hand in Hand geht[4], wird in diesem Kontext besonders berücksichtigt.

Die Zugangsweise Kontroversität verdeutlicht die Widersprüche in der Gesellschaft und schafft das Spannungsfeld, das eine historische Urteilsbildung erst ermöglicht.

Die Kompetenzbezüge der anvisierten Lernziele sind vielfältig und können sich im Einzelfall überlagern. Daher werden sie der Übersichtlichkeit halber den geschichtsdidaktischen Kompetenzen zugeordnet, denen sie am stärksten entsprechen:

Gattungskompetenz

Die Schülerinnen und Schüler vertiefen und erweitern in der Unterrichtseinheit ihre methodischen Kenntnisse im Umgang mit Quellen und Darstellungen, vor allem mit der Gattung der Feldpostbriefe und -postkarten. Sie erfassen und reflektieren die spezifische Aussageabsicht dieser Quellen und ihre darauf ausgerichtete erzählerische Konstruktion. Um dies zu erreichen, wird an Bild- und Textquellen verstärkt Quellenkritik (Sach- und Ideologiekritik) geübt. Sie machen sich die Wertungen auf der Sprachebene bewusst, indem sie z.B. verwendete Euphemismen durch andere Wörter austauschen.

Interpretationskompetenz

Weiterhin ist von Bedeutung, dass die spezifischen Charakteristika von Quellen als Probleme für die Ermittlung „der historischen Wahrheit" erkannt werden und sich die Schülerinnen und Schüler in Auseinandersetzung mit diesen auch die eigene Standortgebundenheit bewusst machen. Dazu setzen sie sich multiperspektivisch mit Text- und Bildquellen gegenteiliger Aussagen auseinander und diskutieren deren Wahrheitsgehalt und deren historische „Plausibilität". So entdecken sie lehrergeleitet Perspektivität, Standortgebundenheit, Subjektivität und den daraus folgenden Konstruktcharakter als grundlegende Probleme der Quellenarbeit und als Basis von Narrativität.

Narrative Kompetenz

Ein besonderer Schwerpunkt der Unterrichtseinheit liegt auf der Anbahnung und Förderung narrativer Kompetenz. Ziel dabei ist, dass die Schülerinnen und Schüler ein individuelles, historisch stimmiges Vorstellungsmuster der historischen Wirklichkeit des Krieges an der Front und in der Heimat entwickeln. Dazu erarbeiten und deuten sie zentrale Aspekte der Fronterfahrung und des Heimatalltages im Ersten Weltkrieg (Rekonstruktion und Konstruktion), analysieren in Quellen vorliegende historische Deutungen kritisch auf ihre „Plausibilität" und Aussagekraft (Dekonstruktion und Konstruktion) und konstruieren/erzählen kriterienorientiert eigene historisch stimmige Geschichten zur Vergangenheit[5], z.B. in Form von Antwortbriefen (Konstruktion). Dadurch soll auch erreicht werden, dass Empathiefähigkeit und Fremdverstehen geschult werden. Durch die Antwortbriefe und andere gelenkte Perspektivübernahmen nehmen die Schüler reflektiert eine fremde historische Perspektive ein und integrieren sie auf diese Weise in ihre eigenen Denkmuster.

Geschichtskulturelle Kompetenz

Ein wichtiges Ziel der Unterrichtsreihe ist die Erweiterung geschichtskultureller Kompetenz. Dies erfolgt einerseits dadurch, dass die Schülerinnen und Schüler wesentliche Aspekte und Konsequenzen der Fronterfahrung der Soldaten und des Heimatalltags der Frauen und Kinder im Ersten Weltkrieg kennen lernen, indem sie diese aus unterschiedlichen Text- und Bildquellen herausarbeiten. Andererseits beurteilen sie die historische Repräsentation des Krieges in der zeitgenössischen Geschichtskultur und Propaganda. Daran anknüpfend und über die Bewertung der verschiedenen Auswirkungen des Krieges kommen sie zu einem eigenen Urteil über das Phänomen Krieg als Katastrophe für die menschliche Existenz.

Gruppenfoto offenbar vor der Verlegung der Einheit an die Front. Feldpostkarte vom 30.5.1916

Dadurch sollen die Schüler befähigt werden, einen eigenen Beitrag zur heutigen Geschichtskultur zu leisten und Handlungskompetenzen im Umgang mit Krisensituationen in Gegenwart und Zukunft zu entwickeln. Im Unterricht wird die Bedeutung des aktiven Handelns etwa durch die Anfertigung eines Protestschreibens der Hunger leidenden Frauen unterstrichen.

Die genannten kompetenzorientierten Lernziele sind nicht immer in gleicher Weise und Intensität für jede Einzelstunde bestimmend; dennoch bilden sie den „roten Faden" der Unterrichtsreihe, wobei die narrative Kompetenz in besonderer Weise hervortritt.

3. Feldpost als Geschichtsquelle

Es ist überraschend, dass die Quellengattung Feldpost in ihrem didaktischen Potenzial immer noch unterschätzt und relativ wenig genutzt wird. Dies ist im Kontext des Themas *Erster Weltkrieg* umso erstaunlicher, als allein die deutsche Feldpost mit geschätzten 28,7 Milliarden Sendungen ein schier unerschöpfliches Quellenreservoir darstellt.[6] In dieser Unterrichtsreihe wird der Schwerpunkt ganz bewusst auf die Verwendung dieser Quellengattung gelegt, weil sie für die ausgewählte didaktische Betrachtungsebene von Erfahrung und Alltag und für die Förderung der für den Geschichtsunterricht zentralen narrativen Kompetenz besonders geeignet ist.

Grundsätzlich gibt es kaum eine andere Quellenart, die einen privateren Charakter hat und durch die Unmittelbarkeit ihrer Darstellung einen so unverstellten (teilweise auch naiven) Blick auf eine historische Wirklichkeit der Menschen, insbesondere der „kleinen Leute", bietet. Bei der Behandlung des Themas *Erster Weltkrieg* kann die Feldpost den Blick dafür schärfen, dass der Mensch der hauptsächlich entscheidende und allein verantwortliche historische Faktor ist. Sie kann damit auch der vermeintlich stummen „Mehrheit" eine Stimme verleihen. Feldpost hat in diesem Zusammenhang das Potenzial, die Funktion eines Korrektivs gegenüber der veröffentlichten „Wirklichkeit" des Krieges und der offiziösen Geschichtsschreibung der Zeit zu übernehmen.[7] Die besondere narrative Struktur und die Affektivität dieser Quelle kann die Schülerinnen und Schüler dazu anregen, ebenfalls narrative Strukturen zu bilden und erzählerisch (also sinnbildend) tätig zu werden. Sie ist daher in besonderem Maße dazu geeignet, die Schülerinnen und Schülern dabei zu unterstützen und es ihnen zu erleichtern, individuelle Vorstellungsmuster vom „Alltag" und von den Leiden des Krieges aufzubauen. Diese können dann den „Mechanismen alltäglicher Gewöhnung an Krieg"[8] entgegengesetzt werden, wie sie z.B. in Form einer Ästhetisierung und Verharmlosung des Krieges und der Waffentechnik in Kriegsfilmen, Jugendbüchern und Computerspielen (immer noch oder schon wieder?) präsent sind. Bei der Verwendung dieser Quellengattung im Unterricht sind jedoch deren besonderen Charakteristika zu berücksichtigen, und es ist zwischen dem Feldpostbrief (FPB) als Textquelle einerseits und der Feldpostkarte (FPK) als Bildquelle andererseits zu unterscheiden:

Eine erste Besonderheit im Hinblick auf den „Wahrheitsgehalt" der FPB ist die Frage nach ihrer Zensur, wobei zwischen der offiziellen Zensur auf der einen und der Selbstzensur der Schreiber auf der anderen Seite zu unterscheiden ist. Die mögliche (Selbst-) Zensur spricht nicht gegen, sondern gerade für eine Verwendung der Quellen, da sie die Frage nach dem Konstruktcharakter der Texte aufwirft, was dem Lernziel der Förderung narrativer Kompetenz in dieser Unterrichtsreihe sehr entgegenkommt.

Das zweite zu berücksichtigende Merkmal der FPB ist das in den Schilderungen enthaltene subjektive Moment, mit dem sich weitere Fragen nach der Standortgebundenheit und der Perspektivität, aber auch nach den individuellen sprachlichen Möglichkeiten der Autoren verbinden. Dadurch wird ein grundlegendes Problem der Quellenarbeit im Geschichtsunterricht, die Subjektivität der Erfahrungen und ihrer Darstellung, für die Schüler greifbarer als bei anderen, vermeintlich „objektiveren" Quellen. Chancen und Gefahren der Quellengattung liegen in diesem Punkt freilich eng beieinander, da sich mit dem

Gruß aus dem Felde. Feldpostkarte aus Frankreich vom 24.10.1915

Grad an Subjektivität auch der Schein hoher Authentizität verbindet. Damit letzterer im Unterricht nicht unreflektiert bleibt, werden kontrastierende Verfahren[9] angewendet, die die Subjektivität der Texte offen legen.

Der dritte zu beachtende Aspekt im Umgang mit FPB ist die häufig nur schwer auszumachende oder gar völlig fehlende Hintergrundnarratio und die Gefahr, die Briefe außerhalb des Kommunikationsprozesses Briefwechsel zu betrachten und dadurch deren fragmentarische Aussage zu verabsolutieren. Diesem Umstand wird in der Planung dadurch begegnet, dass bei der Auswahl der Briefe deren Stellenwert und Bedeutung im ursprünglichen Kommunikationsprozess so weit wie möglich berücksichtigt wird. Dies ist mit Editionen eines „erforschten" Briefverkehrs zwischen Front und Heimat in beide Richtungen möglich.[10]

Bei Beachtung dieser Merkmale ist die Quellengattung Feldpost sehr geeignet, die Schülerinnen und Schüler für die doppelte Ebene der Subjektivität in der Auseinandersetzung mit Geschichte zu sensibilisieren: Einerseits kann die Dimension der Subjektivität im Umgang mit den fremden Wirklichkeitswahrnehmungen und -deutungen herausgearbeitet werden, die in den Quellen enthaltenen sind, andererseits kann der Blick der Schüler für die Standortgebundenheit ihrer eigenen Wahrnehmungen und ihrer eigenen geschichtlichen Deutungen geschärft werden.

Feldpostkarten (FPK) sind im Kontext der Unterrichtsreihe eine ideale Ergänzung der FPB. Dies hängt damit zusammen, dass FPK mit ihren propagandistischen Darstellungen als Ausdruck der ideologischen Unterstützung des Krieges durch die Heimat verstanden werden können. Da sie hauptsächlich von nationalistischen Vereinen (Wehrverein, Flottenverein etc.) und von privaten Verlagen unter staatlicher Kontrolle produziert wurden, kann bei ihnen von einer großen Konformität mit dem staatlich erwünschten Bild vom Krieg ausgegangen werden.[11] Dieses Propagandabild stimmte meist nicht mit den Fronterfahrungen der Soldaten überein, sodass eine Kontrastierung der Aussagen von Feldpostbriefen und Feldpostkarten im Rahmen einer sach- und ideologiekritischen Quellenarbeit von hohem Erkenntniswert ist. Hierbei wird auch der im Kontext des *visual turn*[12] wachsenden Einsicht in den Konstruktcharakter von Bildern Rechnung getragen, die ebenfalls Teil einer kritischen Gattungs- und Interpretationskompetenz werden sollte. Das Bewusstsein für den Konstruktcharakter nicht nur von Texten, sondern auch von Bildern wird im Zeitalter der Dominanz des Visuellen immer wichtiger für die individuelle Orientierungsfähigkeit.

Anmerkungen

1 Georg Frost Kennan (1904-2005) war Historiker und einer der bedeutendsten Diplomaten der USA.

2 Bergmann, *Multiperspektivität*, S. 32.

3 Völkel, *Handlungsorientierung*, S. 27-29.

4 Vgl. Vester, *Denken*, S. 18 f.

5 Angesichts der noch nicht abgeschlossenen theoretischen Diskussion um die genaue Beschaffenheit des reflektierten historischen Erzählens (Narrativität) erscheint es geboten, eine eigene Definition von Erzählung zu formulieren. In Erweiterung der Narrativitätsdefinition von Pandel setzt das hier vertretene Konzept früher an – also schon unterhalb der sinnhaften Verknüpfung zeitdifferenter Ereignisse – und betrachtet das bewusste sinnhafte, reflektierte und historisch stimmige Konstruieren von individuellen historischen Vorstellungsmustern bereits als eine Art der Erzählung. Dies stützt sich auf die Überlegung Pandels, dass es auch unterhalb der Satzebene und in Gestalt eines einzelnen Wortes narrative Strukturen geben kann (Pandel, *Erzählen*, S. 408 f.).

6 Latzel, *Feldpost*, S. 473. Neben Paketsendungen handelte es sich in der Mehrheit um Briefe und Postkarten.

7 Knoch, *Feldpost*, S. 156/ Schneider, *Dokumente*, S. 30.

8 Bergmann, *Krieg*, S. 12.

9 Darunter wird hier eine spezifische Form der Multiperspektivität verstanden, die dem Wortsinn nach die gezielte Gegenüberstellung von Quellen gegenteiliger Aussage meint.

10 Für diese Unterrichtsreihe wurden zwei derartige Editionen ausfindig gemacht: Vgl. Hagener, *Es lief sich so sicher* und Schumann, *Zieh dich warm an.*

11 Auch individuelle Anfertigungen von Postkartenzeichnungen und damit gegenteilige Beispiele gibt es zur Genüge, vgl. z.B. die Karten von Otto Dix.

12 Bredow, *Bilder,* S. 164-166.

4. Planungsübersicht zur Unterrichtseinheit und Leitfragen

Stunde	Datum	Thema
1.		Kriegsbeginn 1914– Begeisterung überall? (Arbeitsblätter 1, 2, 3)
		Wie wurde der Kriegsbeginn erlebt, und welche Gründe gab es dafür? Welche Erwartungen und Vorstellungen hatten die Menschen hinsichtlich des Krieges?
2.		Feldpost – Bedeutung und Zensur (Arbeitsblatt 4)
		Welche Bedeutung hatte die Feldpost? Welche besonderen Eigenarten hat Feldpost als Quelle? Welche Konsequenzen hatte die Zensur damals, welche für uns heute (Umgang mit der Quelle)?
3.		Grabenkrieg – „Komfort“ oder „Hölle auf Erden“? (Arbeitsblätter 5, 6, 7)
		Wie wurde der Grabenkrieg (offiziell) dargestellt? Wie sah das Leben und Sterben in den Schützengräben aus? Wie wurde der Grabenkrieg durch die einfachen Soldaten erlebt?
4.		Soldaten im Krieg – „Helden“ oder „Kanonenfutter“? (Arbeitsblätter 8, 9, 10)
		Wie wurden die Soldaten und ihr Einsatz offiziell dargestellt? Wie erlebten die Soldaten den Krieg, und wie wurde dieser gedeutet?
5.		„Jeder Stoß ein Franzos“? – Wahrnehmung des „Feindes“ (Arbeitsblatt 11)
		Wie wurde der „Feind“ von den Soldaten wahrgenommen? Wie wurde der „Feind“ von offizieller Seite dargestellt? Stimmten die beiden Bilder überein?
6.		„Jeder Stoß ein Franzos“? – Auswertung (Arbeitsblätter 12, 13)
		Welche Techniken der Propaganda werden eingesetzt? Wie kann man durch Texte Bilder in unterschiedliche Kontexte stellen? Was folgt daraus für den Umgang mit Bildern und Texten?
7.		Ängste und Sorgen der Familien (Arbeitsblatt 14)
		Welche Ängste und Sorgen hatten die Familien? Wie wurde mit dem Verlust eines Angehörigen umgegangen? Welche Auswirkungen hatte der Verlust des Vaters für eine Familie?
8.		Frauen in der Kriegswirtschaft (Arbeitsblätter 15, 16, 17, 18)
		Welche traditionellen Männerrollen füllten nun die Frauen aus? Welche Bedeutung hatten Frauen in der Rüstungsindustrie? Welche gesellschaftlichen/politischen Konsequenzen hatte dieser Rollenwechsel für die Frauen?
9.		Kriegsküche – Hunger und „Ersatz“ in der Heimat (Arbeitsblätter 19, 20)
		Welche Auswirkungen hatte der Krieg auf die Ernährungslage? Welche Versuche gab es, die Nahrungsmittelknappheit zu besiegen und den Hunger zu beseitigen? Hatten diese Maßnahmen Erfolg?
10.		Der Erste Weltkrieg – großes Abenteuer oder Katastrophe?
		Wiederholung: Wie wurde der Krieg offiziell dargestellt? Wie erlebten die Menschen den Krieg an der Front und in der Heimat? Wurde die offizielle Darstellung durch die Erfahrungen bestätigt oder widerlegt? Rückschluss: Bestätigten die Kriegserfahrungen die Kriegserwartungen vom Beginn an?
11.		Lernüberprüfung: Fronterfahrung und Heimatalltag (Arbeitsblatt 21)

5. Synopse der Unterrichtseinheit

	Thema/ Grobziel und Unterrichtserwartungen	SF	Medien	Didaktisch-methodischer Kommentar	Hausaufgabe
1.	**Kriegsbeginn 1914 – Begeisterung überall ?** Die S sammeln und überprüfen Hypothesen zu den Empfindungen/Erwartungen der Menschen bei Kriegsbeginn, erkennen zentrale Gründe für die Begeisterung, üben die Bild- und Textanalyse und versetzen sich narrativ in eine historische Perspektive.	EA GUG PA GUG EA	AB 1, 2, 3, evtl. OHF (AB 1)	- Interesse am Thema wecken - Hineinversetzen in eine historische Situation - Anknüpfen an die S-Erwartungen - Hypothesenbildung als Grundlage der Weiterarbeit - Wdhl.: Üben von Bild- und Textanalyse - Übernahme einer historischen Perspektive - Narratives Sprachhandeln der S	Erläutert die Bedeutung von Briefen oder auch von SMS für euch persönlich und erklärt ihre Funktion für die Gesellschaft.
2.	Feldpost – Bedeutung und Zensur Die S kennen wesentliche inhaltliche Merkmale von (Feldpost-)Briefen und deren strategische Bedeutung für das Kriegsgeschehen und die Kommunikation mit der Heimat. Sie bekommen Einsicht in die Zensurpraxis der Heeresleitung und die Folgen für das Verfassen von Briefen und deren Nutzung als Quelle.	GUG PA GUG ISG	AB 4, evtl. OHF	- Anknüpfen an Vorwissen der S (Hausaufgabe) - Einsatz einer FPK im Einstieg (z.B. „Des Kriegers Herz") - Wdh.: Üben von Bild- und Textanalyse - Problemorientierung („doppelte" Bedeutung der FP) - Übernahme einer historischen Perspektive - Ganzheitliches Lernen (Handlungsorientierung) - Vorentlastende Hausaufgabe	Analysiert, auf welche Weise der Schützengraben in Berlin-Westend präsentiert wird. Vergleicht dies mit der Darstellung des Krieges in den Gräben (AB 5,6).
3.	Grabenkrieg – „Komfort" oder „Hölle auf Erden"? Die S setzen sich mit unterschiedlichen Darstellungen und Erfahrungen aus dem Grabenkrieg u.a. in FPB und FPK auseinander und erkennen Perspektivität und Subjektivität der Quellen. Sie machen sich die Wertungen auf der Sprachebene bewusst, erörtern mögliche Gründe für die Standortgebundenheit und transferieren ihre Kenntnisse in eine gelenkte narrative Sprachhandlung (HA).	GUG GUG GrA GUG	AB 5, 6, 7	- Bewusstmachung grundlegender Probleme der Quellenarbeit durch kontrastierendes Verfahren - Arbeit am Sprachgefühl (Sensibilisieren für Wertungen) und an der Begriffsbildung (Begriff und Gegenbegriff) im Kontext der narrativen Kompetenz - Bildung eigener Vorstellungsmuster durch kreatives Sprachhandeln	Schreibt einen der Feldpostbriefe so um, dass er eurem eigenen Bild vom Grabenkrieg entspricht. Versucht euch dabei auf das Verändern der Wertungen auf der Sprachebene zu konzentrieren (→ SV).
4.	Soldaten im Krieg – „Helden" oder „Kanonenfutter"? Die S erfassen den Kontrast zwischen der offiziellen Darstellung des Soldaten und dem Erleben des Krieges. Sie erkennen die Wirkungsweise der Propaganda, reflektieren deren Wirkungen und überführen diese Ergebnisse in eine halboffene Perspektivübernahme (HA).	SV GUG GrA GUG	AB 8, 9, 10, unbeschriebene FPK	- Kontrastierendes Verfahren zur Erarbeitung der Wirkungsweise von Propaganda - Hinführung zu allgemeiner Medienkompetenz (Kritikfähigkeit) - Wdh.: Bewusstmachung der Wertungsebene von Sprache - Sensibilisieren für die Erfahrungsebene des Krieges, das Leid der Betroffenen - Narrative Perspektivübernahme	Sucht euch eine Feldpostkarte aus und versucht in einem Brief aus Sicht eines Soldaten das offizielle Bild vom Krieg zu korrigieren. Analysiert anschließend die Darstellungsmittel auf eurer Feldpostkarte.
5.	„Jeder Stoß ein Franzos'"? – Wahrnehmung des „Feindes" Die S haben Einsicht in den Widerspruch zwischen individueller positiver Wahrnehmung und offizieller negativer Darstellung des „Feindes". Sie erarbeiten Mittel und Mechanismen von Propaganda und wenden sie aktiv an.	ISG GUG SV GrA	AB 11	- Kontrastierender Einsatz von FPB im Einstieg - Problemorientierung (militärische Konsequenzen positiver Feindwahrnehmung) - Erarbeitung wesentlicher Darstellungstechniken der Propaganda anhand von FPK	Keine
6.	„Jeder Stoß ein Franzos'"? – Auswertung und Transfer Die S vollziehen eine freie Perspektivübernahme, indem sie gegensätzliche Propagandaplakate über die Deutschen konstruieren. Sie reflektieren ihr eigenes Vorgehen, werden sich auch der eigenen Perspektivität und Subjektivität im Umgang mit Texten und Bildern bewusst und leiten daraus Lösungs-/ Handlungsmöglichkeiten ab.	GrA SV GUG SV GUG	AB 12, 13, Fotos, Plakate, evtl. OHF (AB 13)	- Kreatives Erstellen propagandistischer Darstellungen bei identischem Material (Transfer) - Anwendung und Beobachtung der Techniken von verfälschender bzw. übertrieben wertender Darstellung - Bewusstmachung des Konstruktcharakters jeglicher Perspektive und Ableitung von Konsequenzen - Selbstbeobachtung und -analyse	Keine

7.	Ängste und Sorgen der Familien Die S kennen die Ängste und Sorgen von Familien im Kriegsalltag und fühlen sich mit Hilfe erarbeiteter sprachlicher Mittel in eine historische Situation hinein. Sie übernehmen eine Fremdperspektive und setzen sich mit der historischen Situation in einer selbstverfassten Narration auseinander.	GUG GUG PA EA	AB 14, evtl. OHF (Q 27)	- Einsicht geben in die Auswirkungen des Krieges im Alltag, in die Situation von Frauen und Familien - Einsicht geben in die Gefühlswelt der Menschen - Entwickeln von Empathie für die Betroffenen - Übernahme einer Fremdperspektive - Einübung historischen Denkens - Vorentlastende Hausaufgabe	Beschreibt die Rollen und Aufgaben, die der Mann und die Frau im Kaiserreich in der Regel übernahmen. Klärt und erläutert den Begriff „Emanzipation" (AB 15).
8.	Frauen in der Kriegswirtschaft Die S kennen die wesentlichen Aspekte der Frauenarbeit und analysieren deren Bedeutung für die Kriegswirtschaft. Sie diskutieren die gesellschaftliche und politische Tragweite (vgl. Leitfrage, AB 16/17) und kommen zu einem begründeten Sachurteil.	GUG GrA SV ISG	AB 15, 16, 17, 18	- Multiperspektivischer, kontrastiver Ansatz - Bewusstsein schaffen für das Leid/die Beteiligung der Heimat am Krieg, für die Komplexität des Kriegsgeschehens - Hohe Gegenwartsrelevanz des Themas - Schärfung des Blicks für das Geschlechterverhältnis	Formuliert schriftlich ein kurzes differenziertes Urteil zur Leifrage dieser Stunde (einerseits, andererseits) (AB 18).
9.	Kriegsküche – Hunger und „Ersatz" in der Heimat Die S kennen die zentralen Ursachen der katastrophalen Lebensmittelversorgung im Deutschen Reich sowie die staatlichen Gegenmaßnahmen und beziehen dazu Stellung. Sie setzen sich mit den Reaktionen der Frauen und den möglichen gesellschaftlichen/politischen Folgen auseinander. Sie transferieren ihre Erkenntnisse in eine narrative Perspektivenübernahme (HA).	GUG EA GrA GUG	AB 19, 20, evtl. Audio-CD (vgl. Literaturliste)	- Evtl. Ansprechen auditiver Lerntypen, mehrkanaliges Lernen (Audio-CD) - Einsicht schaffen in die deutlich angespanntere Versorgungslage der Heimat im Vergleich zur Front und die vernichtenden Auswirkungen des Krieges in der Heimat - Vertiefung durch Perspektivübernahme - Narratives Sprachhandeln (Handlungsorientierung)	Verfasst entweder ein Protestschreiben der Frauen an die Verwaltung, einen Aufruf zur Demonstration oder erstellt eine Karikatur, die die Situation der Frauen verdeutlicht.
10.	Erster Weltkrieg – großes Abenteuer oder Katastrophe? Die S wiederholen zentrale Sach- und methodische Inhalte der UE, sammeln Argumente zu beiden Teilaspekten der Leifrage, diskutieren sie und bilden sich ein eigenes Urteil.	GUG SV GUG PA GUG	TA Hefter (AB 1-20)	- Wiederholung zentraler Inhalte und Begriffe der UE zur Vorbereitung auf die Lernerfolgskontrolle (AB 21) - Schülerorientierung: kriteriengeleitete Selbstevaluation der HA zur Einschätzung des eigenen Leistungsstands - Reaktivierung und Transfer der Sachkenntnisse durch Diskussion einer übergeordneten Leitfrage	Wiederholt für die Lernerfolgskontrolle neben den Sachinhalten auch die methodischen Aspekte, die wir in der Reihe besprochen haben.
11.	Lernerfolgskontrolle: Fronterfahrung und Heimatalltag Die S nennen Ursachen für den Mangel an Lebensmitteln und Gegenmaßnahmen - erklären zentrale Probleme im Umgang mit Quellen und deren Lösungen - belegen, dass sie historisch stimmig eine historische Perspektive einnehmen können und erläutern die Situation der Frauen während des Krieges, indem sie einen Brief in der Ich-Perspektive schreiben und dabei alle relevanten Alltagsbereiche berücksichtigen, - vergleichen die offizielle Darstellung mit den Erfahrungen des Grabenkriegs und beurteilen begründet die Wirkung ersterer auf die Soldaten	EA	AB 21	Durch Sach- und Methodenfragen sowie eine an Vorgaben gebundene Perspektivübernahme und eine vergleichende Stellungnahme wird der Sachkenntnisstand der S, der Stand ihrer Methodenkompetenzen und in Ansätzen ihr Niveau narrativer Kompetenz überprüft	Keine

Kürzelverzeichnis

AB Arbeitsblatt
BSL benotete schriftl. Leistungskontrolle
EA Einzelarbeit
FP Feldpost
FPB Feldpostbrief/-karte (Text)
FPK Feldpostkarte (Bild)
GrA Gruppenarbeit
GUG gelenktes Unterrichtsgespräch
HA Hausaufgabe
ISG interaktives Schülergespräch, selbstgelenktes Schülergespräch
OHF Overhead-Folie
PA Partnerarbeit
S Schüler
SF Sozialform
SV Schülervortrag
TA Tafelanschrieb
UE Unterrichtseinheit

Arbeitsblatt 1: Kriegsbeginn 1914 – Begeisterung überall?

Q 1 Freiwillige in Berlin, Foto 1914

Q 2 Reservisten in Paris, Foto 1914

Q 3 „Am Vorabend des Krieges“

Zeichnung von Ludwig Meidner, Anfang August 1914

Q 4 Deutsche Reservisten auf dem Weg zur Westfront, Foto 1914

1. Beschreibt die Stimmungen, die in den Bildern jeweils zum Ausdruck kommen. Nennt Gründe dafür.
2. Schreibt auf, was die Männer gerufen bzw. gesungen haben könnten.
3. Besprecht, ob alle Bilder mit dem Begriff „Kriegsbegeisterung“ umschrieben werden können.

Arbeitsblatt 2: Begeisterung – aber warum?

Q 5 Erklärung des Kriegszustands, 31.7.1914

Gratis! Extra-Blatt. Gratis!

Berliner Tageblatt

und Handels-Zeitung.

Nr. 383a. Freitag, 31. Juli 1914. 43. Jahrgang.

Deutschland in Kriegszustand.

Wie am Schlusse einer Beratung, die heute mittag im Reichskanzlerpalais stattfand und bis 1 Uhr dauerte, amtlich kundgegeben wird, hat infolge der andauernden und bedrohlichen Rüstungen Rußlands der Kaiser auf Grund des Artikels 68 der Reichsverfassung Deutschland in Kriegszustand erklärt. Es handelt sich dabei um einen vorbereitenden Schritt, der aber einer Mobilisierung noch nicht gleichkommt. Der Kaiser verlegt, wie wir erfahren, im Laufe des Nachmittags seine Residenz von Potsdam nach Berlin.

Q 6 „Heiterer Stolz“

Der Schriftsteller Carl Zuckmayer (1896-1977) erinnert sich an den Kriegsausbruch, 1969:

Schon die deutschen Zöllner, sonst unbeteiligte, gleichgültige Beamte, hatten uns Heimkehrende mit einer fast freudigen Herzlichkeit begrüßt. „Es geht los“, sagte der eine oder andere, „morgen muss ich einrücken.“ Das hatte etwas von einem heiteren Stolz, einer frohen Zuversicht, als ginge es zu einem Schützenfest oder einer Hochzeitsfeier. Der Zug füllte sich mit Urlaubern und Reservisten. Fast alle hatten lachende, strahlende Gesichter, man sah keinen, der betrübt, nachdenklich, unsicher wirkte. „Wir haben es nicht gewollt“, sagten viele, „aber jetzt heißt es die Heimat schützen.“

Carl Zuckmayer: Als wär's ein Stück von mir. Frankfurt/Hamburg 1969, S. 163

Q 7 „Nicht die Haltung verlieren!“

Die dänische Schauspielerin Asta Nielsen (1881-1972) erinnert sich, 1961:

Berlins Straßen glichen einem aufgewühlten Menschenmeer, Truppen marschierten in endlosen Kolonnen mit klingendem Spiel und mit Blumen an den Bajonetten an die Front. [...] „Deutschland über alles!“ scholl es aus allen Kehlen. „Gott strafe England!“ hörte man heisere Männerstimmen brüllen. [...] Schüchtern strichen ab und zu ein paar Soldatenfinger über eine bebende Frauenhand: Nicht den Mut verlieren, wie? Nicht die Haltung verlieren! Wir müssen ja alle hinaus, nicht wahr? Das Ganze wird nicht lange dauern.

Asta Nielsen: Die schweigende Muse; aus: Dieter und Ruth Glatzer: Berliner Leben 1914-1918, Berlin (Ost) 1983, S. 50

Q 8 „Grauenerregender Wahnwitz“

Brief des Bataillonsarztes Arthur Bial, 2. August 1914:

Liebe Eltern!

[...] Nehmt Euch, so weit und so lange Ihr es könnt, ihrer [Bials Ehefrau] an, sie hat Euch Euren geliebten Enkelsohn geboren und sie hat mich 10 Jahre lang mit allen ihren Sinnen und Sein so glücklich gemacht, daß nichts dieses Glück hätte zerstören können – als eben das, vor dem wir jetzt in seinem grauenerregenden Wahnwitz stehen. [...]

Nun sind alle Zukunftspläne aus, und wenn wir uns alle nochmal heil und gesund wiedersehen, werden wir glücklich sein müssen, nur das nackte Leben gerettet zu haben. [...]

Hanns [Bials Sohn], bisher das Sonnenkind aller Freude, Euer und unser höchstes Glück – es wird sein Leben lang die Spuren jener Schicksalsstunde zu tragen haben, die gestern Nachmittag über die Welt hereingebrochen ist! Das ist der furchtbarste Gedanke, der mich beim nahenden Scheiden bewegt – laßt mich nicht aussprechen, was ich dabei fühle! Lebt wohl!!

Euer Arthur

Deutsches Historisches Museum, Berlin; www.dhm.de/lemo/forum/kollektives_gedaechtnis/088/index.html (Zugriff: 12.8.2009)

Arbeitet aus den Materialien heraus
- die Erwartungen, die die Menschen hinsichtlich des Krieges hatten;
- die Gründe und Hintergründe, die man für die Kriegsbegeisterung nennen könnte.

Arbeitsblatt 3: Freude, Abenteuerlust, Kummer, Angst?

M 1 Passanten lesen die Erklärung des Kriegszustands, Foto, Berlin (?), 31. Juli 1914

1. Schreibt in die Sprechblasen Meinungen der Personen, die gerade darüber informiert werden, dass sich Deutschland im Kriegszustand befindet.
2. Beschreibt, wie die einzelnen Personen auf dem Bild vom Krieg betroffen sein könnten.

Arbeitsblatt 4: Feldpost – Bedeutung und Zensur

Q 9 Verfügungen der Heeresleitung

29.4.1916:

In Fällen dringender Notwendigkeit kann zu gewissen Zeiten das Armee-Oberkommando durch Beschlagnahme aus der aufgelieferten Post, solange sie sich im Armeebereich befindet, eine Anzahl von Sendungen herausgreifen und durch eine „Überwachungsstelle" prüfen lassen. [...] Dass diese Stichproben gelegentlich stattfinden, ist allen Heeresangehörigen im vornherein bekannt zu geben.

4.3.1917:

Bei Beanstandung von Feldpostbriefen [...] ist als leitender Gesichtspunkt die Wahrung der Interessen der Landesverteidigung und sonstiger allgemeiner Interessen maßgebend. [...]

Der private Gedankenaustausch zwischen Feld und Heimat soll möglichst nicht gestört werden. Dagegen werden unzweifelhafte Schädigungen der Dienstinteressen, schwere Verstöße gegen die Mannszucht, aufreizende und in hohem Grade entmutigende Kundgebungen ein Einschreiten gegen die Briefschreiber ohne weiteres rechtfertigen.

Aus: Bernd Ulrich: Die Augenzeugen. Essen 1997, S. 89, und Bernd Ulrich/Benjamin Ziemann: Frontalltag im Ersten Weltkrieg. Frankfurt/Main 1994, S. 141

Q 10 „Mut und Freude in den Schützengräben"

Aus der Broschüre „Kriegerfrauen! Helft euren Männern gewinnen!" von 1916:

Jede Soldatenfrau muss jetzt genau überlegen, was sie dem Manne schreibt. Ihre Klagen und ihre Sehnsucht muss sie unterdrücken, von ihren Nöten schweigen, wenn sie die Feder nimmt. Sie soll nur dann schreiben, wenn sie ruhig und stark ist. [...] Wenn die Feldpost solche starken, fröhlichen Briefe verteilt, dann wird eitel Mut und Freude in den Schützengräben sein, das Herz wird den Tapferen höher schlagen, die Lieder werden lauter klingen, und das Schwert wird wuchtiger dreinfahren.

Aus: Priebe: Hermann, Kriegerfrauen! Helft euren Männern gewinnen! Sieben ernste Bitten an die Frauen und Mütter unserer tapferen Feldgrauen. Berlin 1916, S.6

Q 11 „Des Kriegers Herz", Feldpostkarte (1915)

Q 12 Ein Feldpostbrief

Brief von Wilhelm Platta, Galizien, 19.5.1915:

[...] Wenn doch dieser mordende Weltkrieg mal ein Ende nehmen würde. Wie sich die Völker so hinschlachten. Wer sich hier nicht die Nase voll holt, der ist vernagelt. Manchmal halte ich [meinen Kameraden] einen Vortrag über die Folgen des Krieges, aber mit diesen Ochsenknechten ist nicht viel anzufangen. [...]

Aus: Bernd Ulrich/Benjamin Ziemann: Frontalltag im Ersten Weltkrieg. Frankfurt/Main 1994, S. 58

1. Nennt Maßnahmen, die die Heeresleitung bezüglich der Feldpost ergreift, und die Gründe dafür (Q9).
2. Erläutert, was Feldpostkarten wie Q 11 bewirken sollten.
3. Beschreibt, was eine Zensur bei Q12 beanstandet haben könnte.

Arbeitsblatt 5: Grabenkrieg – „gemütlicher Aufenthalt"?

Q 13 Schau-Schützengraben in Berlin-Westend, Postkarte 1915

Q 14 Attraktion Schützengraben?

Ein Bericht der sozialdemokratischen Tageszeitung „Vorwärts" über den Schützengraben in Berlin-Westend (Q13), Mai 1915.

Der Schützengraben ist seiner ganzen respektablen Länge nach mit dünnen, fest mit Draht verbundenen Baumstämmen verschalt und mit rasengedeckten Brustwehren belegt. Jede paar Meter unterbrechen Schulterwehren den Graben, die verhindern, dass einschlagende Granaten ihre Splitter auf weitere Entfernung ausstreuen können. [...] Am meisten Interesse werden die Unterstände erregen. Da gibt es Mannschaftsunterstände für 50 Mann, die mit „allem Komfort der Neuzeit" ausgestattet sind, nur gerade, dass Safes und Dachgärten noch fehlen. [...] Wie in der Schiffskajüte ist hier in der kleinsten Hütte Raum für glücklich schlafende Krieger. Selbstverständlich sind die Offiziersunterstände noch viel eleganter. Hier gibt es sogar Tische und sonstige Ausstattung. Die Schreibstube des Feldwebels kann in Friedenszeiten kaum besser eingerichtet sein, sogar ein Tintenfass ist vorhanden. Alle Unterstände sind mit elektrischem Licht erleuchtet, so dass zu einem wirklich gemütlichen Aufenthalt nichts fehlt. Die Umgebung des Grabens ist durch Wolfsgruben und Drahtverhaue geschützt.

Vorwärts v. 13.5.1915; aus: Dieter und Ruth Glatzer: Berliner Leben 1914-1918. Ost-Berlin 1983, S. 142/143

Q 15 Glücklich im Schützengraben?

Rudolf Muldenhauer, Student, geb. 17.3.1898, getötet 13.12.1914, in einem Feldpostbrief bei Péronne 9.12.1914:

Wenn uns ein [...] schöner, kalter Dezembermorgen den Frühnebel bricht und die Sonne den roten Lehm des Schützengrabens hell strahlen lässt, so sind wir glücklich und freuen uns wie Kinder über die Schönheit. Dann sehen wir auf unsere Untergebenen in ihren feldgrauen Kleidern: Sie kommen aus den Unterständen, dehnen sich, säubern sich und reinigen ihre Gewehre. Sie schauen über den Grabenrand, und ihre Augen leuchten, ihre Körper strotzen vor Gesundheit und Gradheit. Alles ist jung und freut sich der Natur und lebt in einem Ganzen.

Aus: Christian Zentner: Der I. Weltkrieg. CD-Rom, Poing 2004

Q 16 Schießen nur zum Spaß?

Der Gymnasiallehrer Dr. Jenthe, Leutnant, an seinen ehemaligen Schüler Paul Hilbig (9. Klasse), 6.11.1915:

Lieber Paul!

[...] Mein Regiment gehörte zur Armee von Gallwitz, und hier habe ich den großartigen Siegeszug bis tief in das innere Russlands hinein mitgemacht. [...] Hier [im Westen] sind wir nun in eine ganz andere Art des Krieges hinein gekommen. [...] Hier liegen wir unbeweglich in ganz vorzüglich ausgebauten Stellungen und halten Wache, um die Franzosen nicht hereinzulassen. Ab und zu überschütten uns diese mit einem Hagel von Geschossen, [...] und das taten sie scheinbar nur zum Spaß. Angegriffen haben sie hier bis jetzt noch nicht. [...] Nun lasse es Dir recht gut gehen, grüße die Kameraden schön
von Eurem Dr. Jenthe

Bibliothek für Zeitgeschichte Stuttgart, nach: Praxis Geschichte 3/95, S. 32

1. Beschreibt die Wirkung, die Q 13 und 14 haben sollten.
2. Erarbeitet das in Q 14-16 entworfene Bild vom Grabenkrieg.
   Unterstreicht dazu die Textpassagen, in denen Wertungen besonders deutlich werden.
3. Schreibt einen der Feldpostbriefe so um, dass er eurem eigenen Bild vom Grabenkrieg entspricht.

Arbeitsblatt 6: Grabenkrieg – „Hölle auf Erden“?

Q 17 Getötete deutsche Soldaten im Schützengraben bei Ypern, Juli 1917

Q 18 Feldpostbriefe aus dem Schützengraben

Karl Brunner, Gymnasiast, 17 Jahre, Somme, 23. Juli 1916:
Wir hatten als Schutz nur kleine Wulen [handgegrabene Erdlöcher] in der Wand; was für Schutz das aber war, erwies sich bald. Gleich die ersten [Granaten] gingen dahin, wo meine Wule lag, in der ich Gott sei Dank nicht drin war. Sie verschütteten den Graben bis zur Hälfte und drei Leute. [...]

Lothar Dietz, Student, geb. 12.1.1889, getötet 15.4.1915, November 1914:
Ihr in der Heimat könnt Euch nicht die geringste Vorstellung davon machen, was es für uns bedeutet, wenn in der Zeitung schlicht und einfach zu lesen ist: „In Flandern fanden heute wieder nur Artilleriekämpfe statt!“ [...] Baum und Strauch sind von Granaten zerfetzt, mit Gewehrkugeln gespickt. Überall liegen in den Wasserlöchern noch die Leichen, von denen wir schon viele begraben haben. Zahllose Blindgänger von Granaten jeden Kalibers haben sich in den Waldboden eingewühlt.

Ein Infanterist in einem Feldpostbrief, bei Verdun, 2.7.1916:
In der Stellung angekommen legten wir uns todmüde in Granatlöcher – von Schützengräben oder gar Unterständen keine Rede; [...] dort lagen wir vier Tage lang zuerst ganz nass und 1/2 Meter tief im Dreck – ein Trommelfeuer ging auf uns los, dass es einen von einem Loch ins andere riss; die Schmerzensrufe und das Gestöhne der Verwundeten, die elend zu Grunde gehen müssen; [...] – an ein Zurücktragen ist nicht zu denken. Tag und Nacht Granatfeuer – oft dass es in der Sekunde 10-20 Geschosse heranhagelte, uns verschüttete und wieder aufgrub. Unser Leutnant hat geweint wie ein Kind; ja wie sie da lagen, ein Fuß weg, Arme weg, ganz zerfetzt. Gott, das war furchtbar.

Aus: Manuskript zur Sendereihe Feldpostbriefe, www.dradio.de/dlf/sendungen/feldpost (gekürzt); Christian Zentner: Der I. Weltkrieg. Daten, Personen, Szenarien (CD-ROM), Poing 2004; Bernd Ulrich/Benjamin Ziemann: Frontalltag im Ersten Weltkrieg. Frankfurt/Main 1994, S. 92

1. Analysiert die Beschreibung des Grabenkriegs (Q 18).
2. Erarbeitet auf Grundlage der Quellen (Bild und Texte) die Gegenbegriffe zu den Beschreibungen des Grabenkrieges auf Arbeitsblatt 5.

Arbeitsblatt 7: Grabenkrieg – „gemütlicher Aufenthalt“ oder „Hölle auf Erden“?

Die Arbeitsblätter 5 und 6 bieten Quellen mit unterschiedlichen Sichtweisen auf das Leben im Schützengraben während des Krieges. Füllt auf dieser Grundlage das nachstehende Arbeitsblatt aus. Überlegt, welche Sichtweise euch plausibler erscheint und nehmt danach selbst Stellung.

	„Gemütlicher Aufenthalt“	**„Hölle auf Erden“**
Autor(en) der Quelle(n)?		
Quellen-gattung(en)?		
Wertungen/ Darstellung des Grabenkriegs in den Quellen?		
Gründe für diese Art der Darstellung?		
Allgemeine Probleme der Quellenarbeit		

Arbeitsblatt 8: Soldaten im Krieg – „Helden“ oder „Kanonenfutter“?

Q 19 Gedenkblatt für die Hinterbliebenen, Mai 1915

Q 20 Mitteilung über den „Heldentod“

Aus dem Schreiben eines Bataillonskommandeurs an die Hinterbliebenen eines getöteten Soldaten, Sommeschlacht 1916:

Schmerzlich bewegt erfülle ich die traurige Pflicht und teile Ihnen mit, dass Ihr lieber Sohn, unser tapferer Kamerad, am 23.7., kurz nach 7 Uhr abends, durch ein Artilleriegeschoss einen leichten Heldentod fand. Trotz seiner Jugend hat er mit Hingabe, Pflichtbewusstsein und vorbildlicher Tapferkeit bis zuletzt seinen Zug geführt. [...] Ich, als sein Bataillonskommandeur, kann Ihnen nur versichern, dass er in vollstem Maß seine Schuldigkeit getan und als Held angesichts des Feindes gefallen ist! Die Kameraden mussten ihn an Ort und Stelle südwestlich Martinpuich [in der Nähe von Amiens] zur letzten Ruhe betten, da ein Bergen in den furchtbaren Kämpfen nicht möglich ist. Seien Sie unserer allerherzlichsten Teilnahme versichert. Voller Ergriffenheit. Klutmann

Aus: www.dradio.de v. 20.9.09

Q 21 Wilhelm II. verleiht das Eiserne Kreuz, Postkarte 1915

1. Arbeitet heraus, was in Q 19 und Q 20 von den Soldaten verlangt wird.
2. Beschreibt das Bild vom Krieg, das in Q 19-21 gezeichnet wird.

Arbeitsblatt 9: Grabenkrieg – „Helden“ oder „Kanonenfutter“?

Q 22 Sturmangriff deutscher Infanterie an der Westfront, Foto verm. 1916:
Die Soldaten müssen aus dem Schützengraben heraus und einen Sturmangriff beginnen

Q 23 Angst, Bangen, Entsetzen und Verzweiflung

Johannes Haas, Student, geb. 12.3.1892, getötet 1.6.1916, Champagne, 27.11.1915
Was haben wir eigentlich alle verbrochen, dass wir hier schlimmer als Tiere herumgehetzt werden, frieren, verlausen, mit zerlumptem Zeug laufen wie Zigeuner und zum Schluss umgebracht werden wie Ungeziefer? Warum machen sie nicht endlich Frieden?

Joachim Klinkhammer, 1915:
Da wird nun die Stadt beflaggt. Alles brüllt Hurra, wenn ein Sieg errungen ist. Aber was damit verbunden ist, bleibt außer acht. Dass Hunderte Leichen herumliegen, in den Drahthindernissen hängen, überhaupt, wie ein Angriff zugeht, daran wird nicht gedacht. Und wer fällt, der stirbt den Heldentod. Auch ein schönes Wort, das jedoch hier keinen Anklang mehr findet. Das war einmal!

Dominik Richert, Bauer, Frankreich, 1914:
Mut, Heldentum, ob es das wohl gibt? Ich will es fast bezweifeln, denn im Feuer sah ich nichts als Angst, Bangen und Verzweiflung in jedem Gesicht geschrieben. Von Mut, Tapferkeit und dergleichen überhaupt nichts, denn in Wirklichkeit ist's doch nur die furchtbare Disziplin, der Zwang, der den Soldaten vorwärts und in den Tod treibt.

Der Schriftsteller Erich Maria Remarque (1898-1970), selbst Kriegsteilnehmer, 1929:
Ein Befehl hat diese stillen Gestalten [die französischen Soldaten] zu unseren Feinden gemacht; ein Befehl könnte sie in unsere Freunde verwandeln. An irgendeinem Tisch wird ein Schriftstück von einigen Leuten unterzeichnet, die keiner von uns kennt, und jahrelang ist unser höchstes Ziel das, worauf sonst die Verachtung der Welt und ihre höchste Strafe ruht [das Töten].

Aus: Christian Zentner: Der I. Weltkrieg. Daten, Personen, Szenarien (CD-ROM). Poing 2004; www.deutschlandradio.de, 26.4.2006; Bernd Ulrich/ Benjamin Ziemann: Frontalltag im Ersten Weltkrieg. Frankfurt/M. 1994, S. 87; Erich Maria Remarque, zit. nach: Geo-Epoche, Der Erste Weltkrieg, Hamburg 2004, S. 90

1. Versucht euch in die Lage der Soldaten in Q 22 zu versetzen und beschreibt ihre Empfindungen.
2. Nennt die Worte, mit denen die Soldaten in Q 23 ihre Fronterlebnisse ausdrücken. Beschreibt das Bild, das sie von sich selbst und vom Krieg haben. Berücksichtigt dabei ihre Empfindungen.
3. Nehmt selbst Stellung: „Heldentod“ oder „Kanonenfutter“?

Arbeitsblatt 10: „Helden“ oder „Kanonenfutter“? – Auswertung

Darstellung der Fronterlebnisse in Feldpostbriefen	
Darstellung von Soldaten und Krieg auf Postkarten	

Hausaufgabe:
Eigene Stellungnahme: Nehmt die Postkarte Q 21 (Arbeitsblatt 8) zur Hand und versucht in einem kurzen Brief das offiziell vermittelte positive Bild vom Soldaten und vom Krieg zu korrigieren. Geht dabei auch auf die Darstellung auf der Postkarte ein und nutzt eure Kenntnisse aus dem Unterricht. Vergleicht anschließend eure Ergebnisse untereinander.

Arbeitsblatt 11: „Jeder Stoß ein Franzos'"? – Wahrnehmung und Darstellung des „Feindes"

Q 24 Deutsche Kriegspostkarte, 1914

Q 25 Französische Kriegspostkarte, 1914

Q 26 „Sie sind wie wir"

Etienne Tanty, 25 Jahre alt, schreibt nach Hause, 28.1.1915:

Gestern oder vorgestern, beim Rapport, wurden Briefe der gefangenen Deutschen gelesen. Warum? Ich habe keine Ahnung, denn sie schreiben dasselbe wie wir: Das Unglück, die vergebliche Hoffnung auf Frieden, die ungeheuere Dummheit all dieser Dinge. Diese unglücklichen Boches [Schimpfwort für die Deutschen] sind wie wir! Sie sind wie wir, und das Unglück ist für alle gleich. [...] Wir verkommen zu Tieren; ich fühle es bei den anderen, ich fühle es bei mir; [...] ich weiß nicht, was ich tue.

Karl Josenhans, 22 Jahre alt, schreibt nach Hause, 9.11.1914:

Wir kamen in die neuerstürmte Stellung, und da lagen vor und hinter dem Graben noch einige Tote. Ich selbst habe zwei Franzosen und drei Deutsche beerdigen lassen, und die Briefschaften abgenommen. Da findet man [...] viele französische Briefe. Da heißt es in dem Brief einer Frau am Schluss immer wieder: „Petit-Petit est toujours bien sage" [Der Kleine ist immer sehr artig]. Einem andern schrieb seine Schwester, daß sie ihm zwei Pfund Schokolade schicke. Außerdem will sie ihm Handschuhe schicken, die den Regen nicht so anziehen, auch noch eine Kapuze gegen den Regen. Alles wie bei uns, und wenn man das liest, vergeht einem der letzte Funken von Hass gegen die Franzosen, falls ein solcher überhaupt noch da sein sollte.

Aus: www.deutschlandradio.de, vom 10.5.2006; Christian Zentner: Der I. Weltkrieg. Daten, Personen, Szenarien (CD-ROM). Poing 2004

1. Erläutert die Aussagen der beiden Kriegspostkarten.
   Beschreibt die Darstellung der jeweiligen „Feinde". Nennt Gründe für diese Darstellung.
2. Beschreibt, was der französische und der deutsche Soldat in Q 26 feststellen.
   Erklärt, warum sie darüber erstaunt sind.
3. Vergleicht die Darstellungsweisen des „Feindes" in den Postkarten und in den Texten. Zu welchem Ergebnis kommt ihr? Nehmt Stellung dazu.

Arbeitsblatt 12: „Jeder Stoß ein Franzos'" – ein Plakat in Gruppenarbeit erstellen

Gruppe 1:

Arbeitsauftrag:
Zieht alle Fotos der bisher verwendeten Arbeitsblätter und ggf. weitere Fotos, die ihr gefunden habt, heran. Erstellt daraus ein Propagandaplakat *gegen* die Deutschen („Die Deutschen sind ...").

Achtet dabei auf Folgendes:
- Wählt drei Bilder aus, die ihr verwenden wollt.
- Schneidet euch die Bilder so zurecht, wie ihr sie gebrauchen könnt.
- Klebt die Bilder auf den Bogen (dabei Platz für eine Überschrift lassen!).
- Verseht die Bilder mit einem Text.
- Findet für euer Propagandaplakat eine Überschrift.

Gruppe 2:

Arbeitsauftrag:
Erstellt aus den euch zur Verfügung stehenden Fotos ein Propagandaplakat *für* die Deutschen („Unsere Soldaten sind ...").

Achtet dabei auf Folgendes:
- Wählt drei Bilder aus, die ihr verwenden wollt.
- Schneidet euch die Bilder so zurecht, wie ihr sie gebrauchen könnt.
- Klebt die Bilder auf den Bogen (dabei Platz für eine Überschrift lassen!).
- Verseht die Bilder mit einem Text.
- Findet für euer Propagandaplakat eine Überschrift.

Gruppe 3:

Arbeitsauftrag:
Teilt euch in zwei Teilgruppen auf und beobachtet die Arbeiten der anderen zwei Gruppen.

Achtet auf Folgendes:
- Wie lösen die Gruppen ihre Aufgabe?
- Nach welchen Kriterien (Gesichtspunkten, Kennzeichen) wählen sie ihre Bilder aus?
- Wie nutzen sie den Text, um eine Wertung in die Darstellung zu bringen?

Arbeitsblatt 13: „Jeder Stoß ein Franzos'" – Zusammenfassung

Ihr habt nun eure Plakate präsentiert und mithilfe der Gruppe 3 ausgewertet.
Tragt nun eure Auswertungsergebnisse in die nachstehende Tabelle ein.

	Propaganda *gegen* die Deutschen: **„Sie sind Bestien …"**	**Propaganda *für* die Deutschen** **„Wir sind tapfere Helden …"**
Was wird durch Bild und Text ausgedrückt? **Welches Bild von den Deutschen wird entworfen?**		
Wie werden diese Aussagen (durch Bild und Text) ausgedrückt?		
Was haben die Gruppen hierfür getan?		
Welche allgemeinen Probleme der Quellenarbeit lassen sich ableiten? **Was ist noch zu beachten?**		

Arbeitsblatt 14: Ängste und Sorgen der Familien

Q 27 Gefallen, Lithographie von Käthe Kollwitz, 1919/1921

Q 28 „Schreib bitte gleich wieder!"

Feldpostbriefe von Anna Pöhland, Mutter von fünf Kindern, Bremen, 4.10.1916:

Mein innig geliebter armer Mann!
Unendlich leid tust du mir, dass Du so ein Leben führen musst. [...] Man hat nur Sorge, wie kann man die Kinder satt bekommen. Leider bin ich nicht imstande, irgendwo hinzugehen. Erstens muss ich für die Kinder, alle vier, Schulzeug zurechtmachen, entweder ist es zu kurz oder zu eng geworden; zweitens brennen mir die Augen so sehr, dass ich sie immer anfeuchten muss. Auch bin ich wie gerädert. Musste nämlich auf der Gasanstalt 3 Stunden, am Dienstag 1 ¼ Stunde am Schlachthof stehen, dazu noch die Wäsche. [...] Wenn man nur mehr Unterstützung bekäme, das man nicht so rechnen müsste. Manchmal weiß man nicht mehr, wo einem der Kopf steht.
Sei von uns innig gegrüßt und geküsst. Deine Anna.

Bremen, 30.10.1916:

Mein innig geliebter guter Mann!
Jetzt halte ich es nicht mehr aus! Am Dienstag, d. 24., bekam ich den letzten Kartenbrief von Dir, in dem Du mitteilst, dass Du den Brechdurchfall hast. Man weiß nicht, ob es schlimmer oder besser geworden ist, ob Du überhaupt noch lebst. [...] Obgleich ich vergangene Woche fast nichts von Dir erhielt, hatte ich immer ein so frohes Gefühl, als müsstest Du unverhofft kommen. Sogar mit dem Essen habe ich mich immer etwas eingerichtet. Die Augen habe ich mir bald ausgeguckt, wenn ich am Bahnhof so viele Menschen sah; immer war es mir, als müßte ich Dich dazwischen erblicken. So vergeht ein Tag nach dem anderen, und der Heißersehnte kommt nicht. [...]
Sei innig gerüßt und geküsst von uns allen. Deine Anna.

Robert Pöhland wurde am 22. Oktober 1916 in den frühen Morgenstunden getötet – eine Granate hatte ihm den Kopf abgerissen.

Aus: Doris Kachulle (Hrsg.): Die Pöhlands im Krieg. Köln 1982, S. 204/182f.

1. Beschreibt die Gefühle Anna Pöhlands.
2. Benennt die Aufgaben und Probleme, die Anna Pöhland zu bewältigen hat.
3. Arbeitet heraus, welche Probleme der Tod des Ehemanns und Vaters für die Familie mit sich bringt.
4. Notiert in Stichworten, wie die Frauen mit diesen Problemen umgegangen sein könnten.
5. Schreibt
   - entweder einen Tagebucheintrag zu einer der Personen der Lithographie von Käthe Kollwitz (Q 27)
   - oder einen Antwortbrief auf den von euch verfassten Soldatenbrief (s. Arbeitsblatt 5) aus Sicht eines Angehörigen, in dem ihr die Sorgen und Ängste der Betroffenen ausdrückt.

Arbeitsblatt 15: Männer und Frauen – Rollenverteilung vor dem Krieg

Q 29 Eine Kleinbürgerfamilie in ihrer „guten Stube", 1899

D 1 Bürgertum und Arbeiter im Kaiserreich

Das Kaiserreich war von der Schicht des Bürgertums geprägt. Es bestand aus mehreren Gruppen, die sich in Einkommen und Lebensweise sehr unterschieden. Ihnen allen war jedoch gemeinsam, dass sie großen Wert legten auf ein regelmäßiges Gehalt, auf die vom Vater streng geführte Familie und auf das von der Mutter versorgte Heim. Die Frau war in der Regel für die Führung des Haushalts und die Versorgung der Kinder verantwortlich und arbeitete selten selbst. Der Mann repräsentierte die Familie nach außen und war ihr Ernährer und Oberhaupt. In der Schicht der Arbeiter stellte sich das Verhältnis von Mann und Frau etwas anders dar: Notgedrungen mussten hier viele Frauen zum Lebensunterhalt der Familie beitragen. Unbestrittenes Familienoberhaupt war jedoch auch hier der Mann.

Autorentext

Q 30 „Die Frau bedarf des Schutzes"

Hannchen Boldt, Frau eines Ladeninhabers, in einem Feldpostbrief an ihren Mann, Hamburg, 2.10.1914:

Weißt Du, Herzlieb, was ich möchte? Dich hier haben und mit Dir zusammen auf unserem Sofa sitzen, in Deinem Arm, den Kopf an Deine Brust gelegt [...]. Bei Dir fühle ich mich so geborgen; niemand könnte einem was anhaben. Jeden geschäftlichen Ärger hieltest Du ab; jeden Zweifel löstest Du, jeden Wunsch erfülltest Du mir, kurz, Du schirmtest mich und beschütztest mich; das mögen wir Frauen gerne. Wir stellen uns gern unter die Führung eines Mannes, die Frau bedarf des Schutzes, sie ist dazu geschaffen. [...]

Aus: Edith Hagener: „Es lief sich so sicher an Deinem Arm". Weinheim und Basel 1986, S. 66

1. Seht euch das Foto der Kleinbürgerfamilie an (Q 29). Beschreibt anhand der Körpersprache das Verhältnis von Mann und Frau. Beschreibt die Wohnungseinrichtung. Achtet auf die Kleidung des Kindes.
2. Nennt die Rollen und Aufgaben, die Mann und Frau in der Regel im Kaiserreich übernahmen (D1).
3. Stellt dar, wie Hannchen Boldt das Verhältnis zu ihrem Mann beschreibt (Q30).
4. Erläutert den Begriff „Emanzipation". Schlagt notfalls in einem Lexikon nach.

Arbeitsblatt 16: Frauen in der Kriegswirtschaft – Gruppenarbeit

Q 30 Frauen beim Füllen von Granaten, Foto 1917

Q 31 „Heranziehung von Frauen auf allen Gebieten“

Amtliche Forderung nach mehr Frauenarbeit, Oktober 1916. Aus einem Schreiben des Chefs des Waffen- und Munitions-Beschaffungsamtes vom 24.10.1916:

Die Herstellung von Munition und Heeresgerät muss in weit größerem Maße, als es bisher geschehen ist, gesteigert werden. Infolge Fehlens der im Felde stehenden Männer ist die vermehrte Heranziehung von Frauen auf allen Gebieten ein unbedingtes Erfordernis. Da die Frauen in den meisten Fällen [...] die gleiche Arbeit wie die Männer ausführen, wird es nicht möglich sein, für Frauen andere Arbeitszeiten vorzuschreiben. Es werden demnach auch die Frauen zu Überarbeit, Sonntags- und Nachtarbeit herangezogen werden müssen. [...] Ich verkenne keineswegs die Gefahr, welche hiermit für die Gesundheit der Frau verbunden ist, in diesen ernsten Zeiten müssen aber alle Nachteile, welche den Frauen aus dieser Beschäftigung erwachsen können, in Kauf genommen werden.

Aus: Geschichte lernen 108/ 2005, S. 35 (bearbeitet)

Q 32 Nach dem Krieg wird alles wieder anders

Zum Thema Frauenarbeit nach dem Krieg schrieb die sozialdemokratische Zeitung „Volkswille“, 25. Dezember 1915:

Sobald der Krieg vorüber ist, [...] Frauenarbeit in Ehren, aber je mehr Frauenarbeit, desto weniger Arbeitsgelegenheit für Männer, desto schwieriger die Existenz fast aller Familien. Die Zeit unmittelbar nach dem Kriege gehört der Arbeit des Mannes, der Arbeit der Millionen unserer heimkehrenden Krieger.

Aus: Praxis Geschichte 3/1995, S. 39 (bearbeitet)

Gruppenarbeit (Gruppe 1):

1. Beantwortet aus den Quellen folgende Fragen und haltet die Ergebnisse stichwortartig auf Overhead-Folie fest:
   - Wie wird die Frauenarbeit in der Kriegswirtschaft beschrieben?
   - Wie wird die Frauenarbeit bewertet?
   - Was kann man daraus für die Nachkriegszeit schließen?
2. Bereitet eine Präsentation eurer Ergebnisse vor: Jeder soll etwas einbringen.
3. Vergleicht die Ergebnisse abschließend mit den Ergebnissen der Gruppe 2 (Arbeitsblatt 17) und stellt die Unterschiede fest.

Arbeitsblatt 17: „Reservearmee“ oder Schritt zur Emanzipation? – Gruppenarbeit

Q 33 Postkarte, 1917

Q 34 Wahlplakat der SPD, Berlin 1919. In Deutschland erhielten Frauen im Jahr 1918 das Wahlrecht

Q 35 Vorurteile durchbrochen?

Die sozialdemokratische Zeitung „Volkswille“ zum Verhältnis von Männer- und Frauenarbeit, Dezember 1915:

Frauenarbeit war immer schon eine sehr begehrte Ware. Denn sie ist erheblich billiger als Männerarbeit; selbst bei gleichen Leistungen. Eine ganze Reihe sozialpolitischer Gesetze suchte sie zwar zugunsten auskömmlicher und lohnender Beschäftigung der Männer und der für den Nachwuchs unentbehrlichen Gesunderhaltung der Frauen in der Zeit vor dem Kriege immer mehr zu begrenzen. Aber alle diese Grenzen hat der Krieg durchbrochen. [...]. [Die Frauen] durchbrachen dabei aber nicht nur die heilsamen sozialpolitischen Frauenarbeitsschutzgesetze, sondern auch so manches törichte Vorurteil. Viele der Arbeiten, die jetzt Frauen verrichten, galten bei uns unumstößlich als ausgesprochene Männerarbeiten, obschon sie jetzt von den Frauen ebenso gut, wenn nicht vollendeter, ausgeführt werden. [...] Aus der Sensation wurde die nüchterne Gewohnheit.

Im Körper unsrer Frauen liegt die Zukunft unseres Volkes! Dieser Körper ist zu schonen; zu stählen zwar, aber nicht zu erschöpfen. [...] Kein Einsichtiger wird mehr dem Schlagwort nachjagen: „Die Frau gehört ins Haus und nur ins Haus!“

Volkswille, Hannover, 25.12.1915, in: Praxis Geschichte 3/1995, S. 39 (bearbeitet)

Gruppenarbeit (Gruppe 2):

1. Beantwortet aus den Quellen folgende Fragen und haltet die Ergebnisse stichwortartig auf OHF (Overhead-Folie) fest:
   - Wie wird die Frauenarbeit beschrieben?
   - Was verändert sich in der Bewertung der Frauenarbeit im Vergleich zur Vorkriegszeit?
   - Was wird daraus für die Rolle der Frau abgeleitet?
2. Bereitet eine Präsentation eurer Ergebnisse vor; jeder soll etwas einbringen. Ihr habt 18 Minuten Zeit.
3. Vergleicht die Ergebnisse abschließend mit den Ergebnissen der Gruppe 1 (Arbeitsblatt 16) und stellt die Unterschiede fest.

Arbeitsblatt 18: Frauen in der Kriegsgesellschaft – Sicherungsbogen

Einsatz als „Reservearmee"?	**Schritt zur Emanzipation?**
Wie wird die Frauenarbeit beschrieben?	Wie wird die Frauenarbeit beschrieben?
Wie wird die Frauenarbeit bewertet?	Was verändert sich in der Bewertung der Frauenarbeit im Vergleich zu vorher?
Was soll nach dem Krieg aus der Frauenarbeit werden?	Was wird daraus für die Rolle der Frau abgeleitet?

Hausaufgabe:
Formuliere für morgen schriftlich ein kurzes abwägendes Urteil zur Leitfrage (einerseits, andererseits).

Arbeitsblatt 19: Hunger und „Ersatz“ in der Heimat

Q 36 Hunger: Die ausgehungerte Bevölkerung weidet ein „gefallenes“ Pferd aus, Foto, Berlin 1918.
Es handelt sich um ein Pferd, das auf der Straße verendet ist.

Q 37 Schweinekartoffeln und trocken Brot
Anna Pöhland schreibt an ihren Mann im Krieg, 15.6.1916:

Mein geliebter herzensguter Mann!
Auf dem Schlachthof wurde der Verkauf von Knochen eingerichtet. Du glaubst nicht, was für eine Menge von Frauen und Kindern da standen. Auch ich wollte etwas haben, doch als ich bereits 1 Std. dort gestanden hatte, hieß es, dass die Karten, die man erst lösen musste, verausgabt waren. [...]
Wir gingen zu den Frauen und sagten, dass wir zur Lebensmittelkommission gehen wollten. Es dauerte 1/4 Std., da hatten wir einige 100 Frauen, die hinzogen. Ein junges Mädchen trat öfter aus dem Zug und rief: „Proletarier aller Länder vereinigt euch!“, und wir riefen: „Hurra!“ Kein Schutzmann muckste. Ach Mensch, es war für mich ein Genuss, die Frauen mit ihren Körben und Taschen so erbittert zu sehen. Diese Erbitterung! Auch die Soldaten schienen sich zu freuen. Alle, die unter den jetzigen Zuständen so leiden, freuten sich.
Nun, wir waren 8 3/4 Uhr am Gebäude der Lebensmittelkommission, um 9 1/4 kam Senator Biermann. [...] Na, hättest mit dabei sein müssen. Ich saß direkt neben ihm und brachte zuerst das, was uns bedrückte, vor. Ich hatte mir eine Schnitte Brot mit dem alten Schmalz mitgenommen, im Fall, [dass] der Hunger zu schlimm würde, das holte ich aus der Tasche und hielt es ihm unter die Nase und fragte ihn, ob er meinte, dass man dabei arbeiten könne? Wochenlang bekämen wir kein gescheites Mittagessen, und unser Geruchssinn hätte uns nicht verlassen, wir könnten wohl die Bratendüfte noch riechen und beobachten, was für schöne Konserven und andere Früchte in ihre Häuser geschleppt würden. Wir dagegen bekämen Schweinekartoffeln und trocken Brot. Er gab zu, dass alle Waren sehr teuer geworden wären. Darauf frug ich ihn, ob er denn meinte, dass die Unterstützung auch reichte. Er wurde verlegen und sagte, dass er gar nicht wisse, wie viel die Frauen bekämen. Ich sagte, dass es sehr traurig wäre, wenn er das nicht wisse. [...]
Sei von uns allen gegrüßt und geküsst, Deine Anna

Aus: ARD (Hrsg.): Der Erste Weltkrieg. Berlin 2004, S. 186 (bearbeitet)

Lest Q 37 und beschreibt
- die Auswirkungen der Mangelwirtschaft;
- die auftretenden Schwierigkeiten und Konflikte;
- die Art und Weise, wie sich die Obrigkeit verhält und wie die Frauen versuchen, die Probleme zu lösen;
- das Verhältnis der Bevölkerung zur Obrigkeit.

Arbeitsblatt 20: Maßnahmen gegen den Hunger

D 2 Rationierung von Lebensmitteln

Als erste Maßnahme gegen den Hunger erließ die Reichsregierung ab Oktober 1914 schrittweise Höchstpreisverordnungen, die den Preisanstieg von Lebensmitteln, Textilien und anderen wichtigen Gütern stoppen sollten. Wenig später wurden zahlreiche Kontroll- und Lenkungsstellen gegründet, die Erzeugung und Vermarktung von bestimmten Erzeugnissen überwachen sollten, wie z.B. die „Kriegsgetreidegesellschaft" und die „Reichskartoffelstelle".

Die einschneidendste Maßnahme bestand indes in der Rationierung von Lebensmitteln, die 1915 zunächst nur in Berlin auf Brot angewandt wurde. Bald waren im ganzen Reich auch Fleisch, Fett, Milch und Zucker nur noch auf Karten zu haben. Allerdings deckte die staatlicherseits zugeteilte Lebensmittelmenge meist gerade mal die Hälfte des täglichen Kalorienbedarfs eines Menschen mit durchschnittlicher Arbeitsbelastung (ca. 2600 Kalorien). Bis Anfang 1916 sank der Kalorienwert der täglichen Rationen sogar auf weniger als 1000, um dann langsam wieder auf knapp 1500 zu steigen.

Im Kampf gegen den Mangel verfiel man bald auch darauf, „Ersatzstoffe" zu entwickeln. Brot wurde durch Beimischung von Kartoffelmehl, sogar von Eicheln und Kastanien gestreckt, Kaffee mit Zichorie versetzt. Ersatz-Butter bestand aus gefärbtem Quark, Kriegsmarmelade aus Gelatine, Wasser und Farbstoffen. Auch für Tee oder Honig wurden künstliche Ersatzprodukte hergestellt. Die Bevölkerung war aufgerufen, zur Gewinnung von Öl in den Wäldern Bucheckern zu sammeln.

Zur Linderung der größten Not richteten Städte und Wohlfahrtsverbände bereits ab 1915 vielerorts öffentliche „Kriegsküchen" ein, in denen Bedürftige für wenig Geld eine warme Mahlzeit bekommen konnten. Der Nährwert der Speisen, oft nur einfache Suppen, war allerdings gering.

Thomas Flemming/Ulf Heinrich: Grüße aus dem Schützengraben. Berlin 2004, S.100/101

Q 38 Schlange vor Lebensmittelgeschäft in Berlin, Foto 1916.

Eine Frau bricht vor Hunger zusammen.

Q 39 Kohlrübenwinter

Erinnerungen von Walter Koch aus Dresden, Chef des Sächsischen Landeslebensmittelamtes, an den Winter 1916/17:

Es verstand sich von selbst, daß ich als Lebensmitteldiktator mich strengstens an die Rationierungsvorschriften halten mußte und mich mit dem Schleichhandel, der fast allen anderen ein wenig nachhalf, in keiner Weise einlassen durfte. Infolgedessen war bis zum Kriegsschluß Schmalhans Küchenmeister in meinem Hause. [...]

An das Herz griff einem der Anblick meiner Kinder. Ich sehe sie noch, den 15jährigen Manfred und die 11jährige Vera, aus der Schule kommen und wortlos in Speisekammer und Büfett nach etwas Eßbarem für ihren Hunger suchen. Das Traurigste waren die Kämpfe mit der Frau, die ihre ohnehin schmale Portion den Kindern zusteckte und ihre Gesundheit damit gefährdete. 5 oder 6 Zentner Kohlrüben haben wir in jenem schlimmen Winter gegessen. Früh Kohlrübensuppe, mittags Koteletts von Kohlrüben, abends Kuchen von Kohlrüben. Und bei alledem waren wir noch viel besser dran als Hunderttausende andere, vor allem in den Grenzgebieten.

http://www.dhm.de/lemo/forum/kollektives_gedaechtnis/065/index.html (Zugriff: 13.8.2009)

1. Lest die Quellen durch und beschreibt,
   - wie sich die Menge der pro Person verfügbaren Kalorien entwickelt;
   - wie versucht wird, den Nahrungsmittelmangel zu beseitigen.
2. Beurteilt diese Maßnahmen und das Verhalten von Walter Koch (Q 39).
3. Verfasst entweder ein Protestschreiben der Frauen an die Verwaltung, einen Aufruf zur Demonstration oder erstellt eine Karikatur, die die Situation der Frauen verdeutlicht.

Arbeitsblatt 21: Lernüberprüfung

Fronterfahrung und Heimatalltag im Ersten Weltkrieg

Name: ______________________________

1. *Erläutere* und *erkläre* die Erwartungen, die die Menschen zu Beginn des Ersten Weltkriegs hatten.

2. *Nenne* 5 Ursachen für den Mangel an Lebensmitteln während des Krieges und 5 Gegenmaßnahmen der Behörden.

3. *Erkläre*, welche Probleme es im Umgang mit Quellen gibt und wie man sie lösen kann. *Nenne* und *definiere* drei zentrale Begriffe der Quellenanalyse.

4. *Schildere* die Situation der Frauen während des Krieges in Form eines Briefes an die Front. Schreibe aus der Ich-Perspektive, versetze Dich in die Zeit und berücksichtige *alle* wichtigen Alltagsbereiche (max. 120 Wörter).

5. *„Jede Soldatenfrau muss sich jetzt genau überlegen, was sie dem Manne schreibt.“ Interpretiere* diese Aussage möglichst vielfältig. Berücksichtige dabei die besondere militärische und soziale Bedeutung der Feldpost.

6. *Vergleiche* die offizielle *Darstellung* des Krieges mit den *Erfahrungen* im Grabenkrieg. Welche Wirkung hatte die offizielle Darstellung vermutlich auf die Soldaten? Nimm begründet Stellung.

7. *Formuliere ein eigenes Urteil* zur These, dass der Einsatz der Frauen in den Rüstungsfabriken ein Schritt zur Emanzipation der Frauen gewesen sei.

VIEL ERFOLG!

7. Lösungsvorschläge zu den Arbeitsblättern

Arbeitsblatt 1

Zu 1.:

Q 1,2,4: Kriegsfreiwillige bzw. Reservisten im Freudentaumel, Stolz, Siegesgewissheit, Gruppendynamik, Abenteuerlust, nationale Begeisterung, „Hurra-Patriotismus", falsche Einschätzung der Gefahren und der Ausmaße eines Weltkrieges, Männer machen sich angesichts der Ungewissheit Mut.

Q 3: Gedrückte Stimmung, Anspannung vor dem Ablauf des Ultimatums an Serbien (Wort im Bildhintergrund: „Ultimatum"), der Einzelne geht in der Masse unter, Vorahnung der militärischen Mobilisierung, Verlust der Gesichter, Grimassen und Fratzen, Zukunftsängste, Entsetzen, Angst um Angehörige, Angst vor dem Ungewissen, Angst vor dem eigenen Tod.

Zu 2.:

Q 1,2,4: „Hurra!", „Nieder mit den Deutschen/Franzosen", „Paris/Berlin erwartet uns!", „Jetzt geht's los!", Gesang der deutschen/französischen Nationalhymne, der „Wacht am Rhein" o.ä. patriotischer Gesänge.

Zu 3.:

Kriegsbegeisterung aus Q 1,2,4, ablesbar, wenngleich den Männern nicht klar zu sein scheint, was der Krieg für sie eigentlich bedeutet. Q 3 drückt dagegen zeichnerisch die Zukunftsängste und Sorgen der Menschen aus.

Arbeitsblatt 2

Erwartungen:

Q 6: Heiterer Stolz, frohe Zuversicht, Gefühl, als ob man zu einem Schützenfest, einer Hochzeit ginge, Krieg nicht gewollt, Heimat muss nun aber geschützt werden.

Q 7: Soldaten ziehen mit Musik und Blumen in den Krieg, Sorgen der Angehörigen, Zuversicht, dass der Krieg nicht lange dauern werde, man dürfe nicht den Mut, die Haltung verlieren.

Q 8: Krieg zerstört alles Glück der Menschen, Familien werden (vielleicht für immer) getrennt, Krieg ein grauenerregender Wahnwitz, alle Zukunftspläne sind nichtig, Schicksalsstunde des Krieges wird selbst das Leben der nächsten Generationen prägen.

Gründe und Hintergründe:

Aufbruch aus einer als angespannt und belastend erlebten politischen Situation (Konflikt mit Serbien, Bündnissysteme in Europa), verklärtes Kriegsbild (Krieg von 1870/71 mit schnellem Sieg und relativ wenigen Toten vor Augen), Traum von einem schnellen Sieg.

Arbeitsblatt 3

Individuelle Lösungen in Anlehnung an die Ergebnisse auf AB 1 und 2.

Arbeitsblatt 4

Zu 1.:

Beschlagnahmung von Briefen, Prüfung der Post durch „Überwachungsstelle", Vorgehen gegen die Briefschreiber bei Schädigungen der Dienstinteressen, bei Verstößen gegen die „Manneszucht", bei entmutigenden Äußerungen, Frauen sollen Sorgen und Klagen unterdrücken, fröhliche Briefe sollen die Soldaten aufheitern und in ihrem Kampfesmut unterstützen.

Zu 2.:

Karte soll an die fürsorgliche Ehefrau appelieren, ihrem Mann an der Front aufmunternde Zeilen zu schreiben. Die Feldpostkarte soll die Bindung zwischen Front und Heimat psychologisch stärken, die Soldaten sollen sich im Krieg von ihren Familien und Frauen unterstützt und getragen fühlen.

Zu 3.:

Brief ist gegen den Krieg gerichtet, sehr defätistisch angelegt, Schreiber untergräbt Moral der Truppe, Kameradschaft der Soldaten und Kampfeswille werden geschwächt.

Arbeitsblatt 5

Zu 1.:

1. Deutungsmöglichkeit: Q 13 und Q 14 erwecken den Eindruck eines gut ausgestatteten, sicheren Schützengrabens; die Bevölkerung soll beruhigt werden; Botschaft: Angehörige sind als Soldaten an der Front sicher und gut untergebracht, alles Notwendige und Menschenmögliche wird für den Schutz und die Zufriedenheit der Soldaten getan.

2. Deutungsmöglichkeit: In Q 14 könnte auch Ironie und Sarkasmus enthalten sein; die positiven Formulierungen wirken zum Teil fast überzogen, z.B.: ... „so dass zu einem wirklich gemütlichen Aufenthalt nichts fehlt.“; bezeichnend ist auch, dass im Text der Komfort der Gräben in Anführungszeichen steht, was eine Distanzierung des Autors ausdrücken könnte.

Zu 2.:

Beschreibung des Schützengrabens bzw. Grabenkrieges in ...

Q 14: Sicherheit: Schutz durch stabile Befestigungen, Brustwehren; Komfort: gute Ausstattung, Elektrizität, Tische; Gemütlichkeit: gute Betten, ästhetische Zugaben.

Sprachliche Wertungen: „Komfort der Neuzeit“, „Raum für glücklich schlafende Krieger“, „Offiziersunterstände viel eleganter“, „kann kaum besser eingerichtet sein“, „so dass zu einem wirklich gemütlichen Aufenthalt nichts fehlt“, „angenehme ästhetische Zugabe“.

Q 15: Romantik und Freude: Schönheit der Natur, Sonne; Gesundheit und Jugend: Augen leuchten, strotzen vor Gesundheit, alles ist jung.

Sprachliche Wertungen: „schöner Dezembermorgen“, „hell strahlen lässt“, „wir sind glücklich und strahlen“ etc.

Q 16: Siegeszug: tief hinein in das innere Russlands; Schutz und Gelassenheit: gut ausgebaute Stellungen, bislang keine Angriffe, lediglich Geschosshagel „zum Spaß“.

Sprachliche Wertungen: „großartiger Siegeszug“, „vorzüglich ausgebaute Stellungen“, „scheinbar nur zum Spaß“.

Siehe auch die Lösungen zu AB 7.

Zu 3.:

Individuelle Lösungen evtl. ähnlich den Schilderungen des Grabenkrieges auf AB 6; die Hervorhebung der sprachlichen Wertungen in den Quellen (Aufgabe 2) erleichtert die Bearbeitung. In dieser Aufgabe haben die Schüler und Schülerinnen Gelegenheit, ihre vorunterrichtlichen Geschichtsvorstellungen einzubringen. Im Zuge der Bearbeitung des AB 6 können diese Vorstellungen anschließend im Unterricht überprüft und gegebenenfalls korrigiert werden.

Arbeitsblatt 6

Zu 1.:

Die Beschreibung des Grabenkrieges ist äußerst negativ: kaum Schutzmöglichkeiten vorhanden, Soldaten werden verschüttet, Baum und Strauch sind von Granaten zerfetzt, Wasserlöcher und Leichen in Erdlöchern, verstreute Blindgänger, Soldaten sind todmüde, keine Schlafmöglichkeiten, Verwundete können nicht geborgen werden, Tag und Nacht Granatfeuer, Soldaten sind verzweifelt und mutlos, schlechte medizinische Versorgung.

Zu 2.:

Gegenbegriffe zu den Beschreibungen auf AB 5:

Unwirtliche Umstände: Erdlöcher und Schlamm; Erschöpfung: Müdigkeit, Schlaflosigkeit; Lebensgefahr: ständiger Granatenhagel, zerstörte Befestigungen; Schmerz und Leid: Verwundung und Tod, Panik: Todesangst, Zittern und Weinen

Siehe auch die Lösungen zu AB 7.

Arbeitsblatt 7

Mögliche Lösungen auf dem Lösungsbogen zu Arbeitsblatt 7 (s.u.).

Lösungen zu Arbeitsblättern 5-7

	„Gemütlicher Aufenthalt“	**„Hölle auf Erden“**
Autor(en) der Quelle(n)?	Redaktion einer Tageszeitung, Soldaten höheren Dienstgrads	Infanteristen, einfache Soldaten?
Quellengattung(en)?	Zeitungsartikel, Feldpostbrief	Feldpostbriefe, private Fotoaufnahmen
Wertungen/ Darstellung des Grabenkriegs in der Quelle?	• Komfort: gute Ausstattung, Elektrizität, Tische etc. • Gemütlichkeit: • gute Betten • Sicherheit: Schutz durch stabile Befestigungen • Romantik: Schönheit der Natur • Ruhe und Gelassenheit: wie in Friedenszeiten	• Unwirtliche Umstände: Erdlöcher und Schlamm • Erschöpfung : Müdigkeit, kein Licht • Ständige Gefahr: Granatenhagel, zerstörte Befestigungen • Schmerz und Leid: Tod und Zerstörung • Panik: ständige Todesangst
Gründe für diese Art der Darstellung?	Zensur: schränkt das Schreiben ein Propaganda: Bevölkerung soll aufgemuntert werden Familien sollen sich keine Sorgen machen Begeisterung für den Krieg: authentische Eindrücke Vorbildfunktion: Beispiel Lehrer Jenthe Perspektive: bessere Lebensbedingungen der Offiziere?	Wahrheit: authentische Erlebnisse Korrektur: Propagandabild vom Krieg soll widerlegt werden Sich den Schmerz von der Seele schreiben Verarbeitung: Bewältigung des Erlebten durch das Schreiben Perspektive: schlechtere Lebensbedingungen der einfachen Soldaten?
Allgemeine Probleme der Quellenarbeit	• Gefahr der versteckten Propaganda (Aussageabsicht) • Problem der Subjektivität des Erlebten • Problem der Standortgebundenheit der Autoren (Perspektivität) • unterschiedliche Lebens- bzw. Rahmenbedingungen der Schreiber	

Arbeitsblatt 8

Zu 1.:

Q 19/ 20: Soldaten sollen für das Vaterland sterben, sich aufopfern, den Kampf mit Hingabe, Pflichtbewusstsein und Tapferkeit führen, sollen, wenn nötig, als „Helden“ sterben. Mit den Schülerinnen und Schülern sollte hier der Begriff des „Helden“ erörtert, historisch eingeordnet und problematisiert werden: Was wurde damals/Was wird heute unter „Heldentum“ verstanden? Welche Funktion übernimmt der Begriff „Held“ bzw. „Heldentod“ z.B. in dem Feldpostbrief Q 20 oder in politischen Reden heute (z.B. im Kontext des Krieges gegen den Terrorismus)?

Zu 2.:

Q 19-21: Krieg wird als Pflicht gegenüber dem Vaterland dargestellt, als eine Ehre, als Dienst für eine höheren Sache, dem „heiligen“ Vaterland (vgl. die bewusste Verwendung von Bibelzitaten und deren propagandistischer Nutzung in Q 19), der Tod sogar als eine persönliche Zier (vgl. den im Kaiserreich immer wieder bemühten Spruch von Horaz: „Dulce et decorum est pro patria mori“: „Süß und ehrenvoll ist es, für das Vaterland zu sterben“).

Arbeitsblatt 9

Zu 1.:

Angst vor dem Tod, verzweifeltes Anrennen gegen die gegnerische Stellung, schutzlos den Granaten und Maschinengewehren ausgeliefert zu sein, körperlich und evtl. auch psychisch (des Lebens) müde zu sein vor Erschöpfung und Verzweiflung, Ohren betäubender Lärm, zitternde Glieder, evtl. den Krieg als sinnlos empfinden, sich nach dem Ende des Grauens sehnen, oder auch: Hass auf die Franzosen, Überzeugung, das Richtige zu tun (evtl. Kriegsfreiwillige) etc.

Zu 2.:

Sie fühlen sich wie gehetzte Tiere, noch schlimmer: Sie fühlen sich entmenschlicht, wie Ungeziefer, das umgebracht wird, fühlen sich als Kanonenfutter missbraucht, Begriffe wie „Heldentod" werden in ihrem Zynismus entlarvt, als Leerformeln erkannt; Mut und Tapferkeit existieren nicht; nur Disziplin und Zwang treiben die Soldaten in den Tod; allein ein Stück Papier bestimmt, wer Freund und Feind ist; das Töten – oberstes Übel – wird zum obersten Ziel erhoben.

Zu 3:

Individuelle Lösungen evtl. in Anlehnung an die Ergebnisse auf AB 10.

Arbeitsblatt 10

Mögliche Lösungen zu Arbeitsblatt 10 bezugnehmend auf typische Feldpostkartenmotive der Zeit. Diese müssen durch die Lehrkraft beschafft werden (vgl. Literaturliste im Anhang).

Darstellung von Soldaten und Krieg auf Postkarten	**Darstellung der Fronterlebnisse in Feldpostbriefen**
• Stolz und Tapferkeit: siegreiche Soldaten im Kampf	• Furcht und Verzweiflung: Todesangst und Lethargie
• intensive Pflege: gute Versorgung Verwundeter	• Siechtum: schwere und unheilbare Verletzungen
• Gesundheit: motivierte, ausgeruhte, wohlgenährte Soldaten	• Tod: anonymes Sterben und Entmenschlichung
• Fürsorge: Soldaten schreiben an ihre Frauen und Familien	• innere Verrohung: Menschen werden gefühllos
• Barmherzigkeit: Verpflegung von Kindern im Feindesland	• Grausamkeit: maschinisiertes Töten und Massensterben
etc.	etc.

Hausaufgabe (Variante zur Hausaufgabe AB 10, S. 24)

Eigene Stellungnahme: Sucht euch eine Postkarte aus den vorliegenden oder neu beschafften aus und versucht in einem kurzen Brief das offiziell vermittelte Bild vom Soldaten und vom Krieg zu korrigieren. Nutzt dazu eure Kenntnisse aus dem Unterricht. Erklärt außerdem, mit welchen Mitteln mit eurer Postkarte der Andere verunglimpft wird und wie die eigenen Leute dargestellt werden.

Arbeitsblatt 11

Zu 1.:

Verunglimpfung und Diffamierung des jeweiligen Feindes: Man macht sich lustig über ihn, um ihn dadurch als Feind weniger gefährlich erscheinen zu lassen; dem jeweils militärischen Gegner wird z.T. sogar das Menschsein abgesprochen. Er wird als Urmensch, als Monster dargestellt. *Gründe:* Stimmung gegen den Feind erzeugen, kriegerische Aktvitäten rechtfertigen, Tötungshemmungen bei den Soldaten herabsetzen; Strategie, das eigene Handeln zu rechtfertigen und ein (schlechtes?) Gewissen zu beruhigen

Zu 2.:

Feststellung der gleichen Empfindungen: Sorgen, Nöte und Ängste in den Briefen diesseits und jenseits der Front; Franzosen und Deutsche in erlebtem Leid miteinander vereint; Empfindung einer enormen Absurdität, diesen Krieg zu führen und sich gegenseitig umzubringen, wenn doch alle eigentlich den Krieg nicht wollen; Briefinhalte stehen der offiziellen Kriegspropaganda diametral entgegen; auch der Feind ist ein Mensch; man erkennt sich in ihm wieder, und er verliert seinen Schrecken; gleichzeitig: Erschrecken darüber, dass diese Empfindungen nicht mehr die eigenen Handlungen bestimmen und dass man trotzdem tötet, gefühllos ist und sich selber fremd wird.

Zu 3.:

Individuelle Lösungen in Anlehnung an die Ergebnisse zu 1. und 2.

Arbeitsblätter 12 und 13

Vor der Bearbeitung von AB 12 ist es wichtig, mit den Schülerinnen und Schülern in Rückgriff auf die vorhergehenden Stunden noch einmal die Funktion, die Arbeitsweise und die Darstellungsmittel von Kriegspropaganda kurz zu wiederholen; mögliche Lösungen zu AB 12 und AB 13 auf dem Lösungsbogen zu Arbeitsblatt 13.

Es kann sinnvoll sein, den Schülern zur Bearbeitung von AB 12 zusätzlich Fotos zur Verfügung zu stellen (vgl. Literaturliste im Anhang).

Arbeitsblatt 13

<table>
<tr><th></th><th>Propaganda gegen die Deutschen:
„Sie sind Bestien...“</th><th>Propaganda für die Deutschen
„Wir sind tapfere Helden...“</th></tr>
<tr><td>Was wird durch Bild und Text ausgedrückt?

Welches Bild wird von den Deutschen entworfen?</td><td>Menschenwürde wird von den Deutschen nicht geachtet

Skrupellosigkeit und Grausamkeit der Deutschen

Zerstörung von Mensch und Natur

Stolz auf das angerichtete Unheil</td><td>Ritterliches und respektvolles Auftreten der Soldaten

Hilfsbereitschaft der Deutschen

Optimismus und Siegeszuversicht

Schlagkraft und Überlegenheit der deutschen Truppen</td></tr>
<tr><td>Wie werden diese Aussagen (durch Bild und Text) ausgedrückt?</td><td colspan="2">Texte und Bildunterschriften geben den Fotos eine (andere) Bedeutung

Fotos werden in einen (falschen) Zusammenhang gestellt

Bilder werden eindimensional bewertet

Darstellung ist einem (propagandistischen) Ziel, nicht der Wahrheit verpflichtet

Geschichten werden zum Teil frei erfunden</td></tr>
<tr><td>Was haben die Gruppen hierfür getan?</td><td colspan="2">Zielgerichtete Auswahl der Bilder und Fotos

Entwicklung von Texten, die die gewünschte Interpretation des Fotos liefern

Formulierung „werbewirksamer“ Botschaften und Slogans

ausdrucksstarke und expressive Wortwahl

effektorientierte Montage von Abbildungen (Collagen)</td></tr>
<tr><td>Welche allgemeinen Probleme der Quellenarbeit lassen sich ableiten?

Was ist noch zu beachten?</td><td colspan="2">• Perspektivität: eindimensionale oder mehrdimensionale Perspektive?

• Aussageabsicht: erkennen und analysieren

• Subjektivität und Konstruktcharakter der Botschaft wahrnehmen

• Lösungsansatz: multiperspektivische, vielschichtige Herangehensweise, fundierte Quellenkritik</td></tr>
</table>

Arbeitsblatt 14

Zu 1.:

Mitleid, Verzweiflung, Alltagssorgen, Müdigkeit und Erschöpfung, Orientierungsverlust, Gefühl des Verlassenseins, des Alleinseins, innere Unruhe, Sorgen und Angst, Hoffnung, Zuversicht, Sehnsucht, Erwartung.

Zu 2.:

Sorge um das tägliche Brot und Sorge, die Kinder satt zu bekommen, Schulsachen und -verpflegung für die Kinder besorgen, Umgang mit ständiger Müdigkeit, körperliche Symptome (tränende Augen etc.), viel Arbeit, langes Anstehen für Lebensmittel, fehlende bzw. zu geringe staatliche finanzielle Unterstützung (Einkommen des Mannes fehlt).

Zu 3.:

Ernährer der Familie fehlt, Frau verliert ihren Partner, ihre psychische und seelische Unterstützung; Kinder müssen ohne Vater aufwachsen; eine wichtige Erziehungsinstanz fehlt, stärkeres Risiko auf die schiefe Bahn zu geraten etc.

Zu 4.:

Versuch, den Verlust des Mannes durch enge Kontakte zum Rest der Familie abzumildern; Frauen suchen sich Arbeit, ernähren die Familie selbst; Verzweiflung kann auch zu Selbstmord führen etc.

Zu 5.:

Individuelle Lösungen.

Arbeitsblatt 15

Zu 1.:

Mann ist der Frau gegenüber dominant (selbstsichere Pose und Armhaltung, erhobener Kopf und Blick strahlen Selbstsicherheit aus); Mann beansprucht die Führungsrolle in der Familie; Frau ist dem Mann unterwürfig (Frau blickt nach unten, Kopf ist gesenkt); Frau vermittelt Unsicherheit, macht nebenbei Heimarbeit, während der Mann liest; übersichtliche Einrichtung an einem großbürgerlichen bzw. herrschaftlichen Leitbild orientiert (gedrechselte Holzmöbel, eine Wanduhr, ein Bücherregal etc.); Sohn trägt Matrosenanzug (Hinweis auf Flottenpolitik im Kaiserreich und deren große Resonanz in der Gesellschaft [Flottenverein]) etc.

Zu 2.:

Mann: Rolle des Ernährers der Familie, des Familienoberhaupts und gesellschaftlichen Sprechers; Frau: Hausfrau und Mutter, Führung des Haushalts und Erziehung der Kinder, Konzentration der Aktivitäten auf den heimischen Bereich.

Zu 3.:

Steht unter Führung ihres Mannes, will einen Beschützer haben, sich geborgen fühlen, eine starke Schulter zum Anlehnen, die Frau bedürfe des Schutzes durch den Mann.

Zu 4.:

Emanzipation: Befreiung der Frauen aus der Abhängigkeit von den Männern mit dem Ziel der gesellschaftlichen, politischen und wirtschaftlichen Gleichstellung und Gleichberechtigung.

Arbeitsblätter 16-18

Mögliche Lösungen auf dem Lösungsbogen zu Arbeitsblatt 18.

Einsatz als „Reservearmee"?	Schritt zur Emanzipation?
Wie wird die Frauenarbeit beschrieben? • Frauenarbeit nur als Ersatz für die Männer • gleiche Arbeitsbedingungen für Mann und Frau • Gefährdung der Gesundheit der Frau	**Wie wird die Frauenarbeit beschrieben?** • Frauenarbeit ist vollendeter als Männerarbeit • Frauenarbeit ist kostengünstiger • starke Nachfrage nach Frauen auf dem Arbeitsmarkt
Wie wird die Frauenarbeit bewertet? • Frauenarbeit als unbedingtes Erfordernis • kriegswirtschaftliche Notwendigkeit • vorübergehende Notlösung	**Was verändert sich in der Bewertung der Frauenarbeit im Vergleich zu vorher?** • keine Ausnahme mehr, ist zur Gewohnheit geworden • Abbau von Vorurteilen gegenüber Frauen • Frauen gehören nicht mehr (nur) an den Herd
Was soll nach dem Krieg aus der Frauenarbeit werden? • Wiederherstellung der alten Arbeitsverhältnisse • Frauen sollen Arbeitsplätze wieder räumen	**Was wird daraus für die Rolle der Frau abgeleitet?** • gestiegene gesellschaftliche Achtung der Frauen • gleiche Rechte für die Frauen: Wahlrecht 1918/19

Hausaufgabe:

Formuliere für morgen schriftlich ein kurzes abwägendes Urteil zur Leitfrage (einerseits, andererseits).

Arbeitsblatt 19

– Lebensmittelknappheit und Hunger, Verwaltung des Mangels durch Lebensmittelkarten, Rationierung von Lebensmitteln, Verkauf oder Beschaffung von Lebensmitteln minderer Güte (Pferdefleisch von Kadavern, Knochen), lange Schlangen vor Geschäften;

– Auftreten von Verteilungskonflikten und Schwarzmarkt, ungleiche Zugangsmöglichkeiten zu Lebensmitteln, Verstärkung sozialer Ungerechtigkeiten, gesellschaftliche und politische Spannungen (evtl. Hinweis auf den Satz „Proletarier aller Länder vereinigt Euch!" und der historischen Bedeutung der Sozialdemokratie);

– Distanz der Obrigkeit zur Bevölkerung (Bratenduft vs. Schweinekartoffeln), Egoismus der Wohlhabenden (Schwarzmarkt); Obrigkeit weicht den Problemen aus, ist ahnungslos; Frauen versuchen durch Demonstrationen politisch Druck zu erzeugen; Verhältnis zur Obrigkeit verschlechtert sich, Bevölkerung fühlt sich im Stich gelassen.

Arbeitsblatt 20

Zu 1.:

Zur Verfügung stehende Kalorien sinken 1916 auf unter 1000 Kalorien pro Tag, während der Kalorienbedarf eines Erwachsenen mit durchschnittlicher Arbeitsbelastung ca. 2600 Kalorien pro Tag beträgt; Versuche der Beseitigung des Lebensmittelmangels: staatliche Überwachung des Lebensmittelmarktes, Höchstpreisverordnungen, Lebensmittelkarten und Rationierungen, Massenspeisungen in „Kriegsküchen", Entwicklung künstlicher Ersatzstoffe.

Zu 2.:

Individuelle Lösungen; z.B.: Vorbildfunktion des Chefs des Lebensmittelamtes, Solidarisierung mit dem Rest der Bevölkerung, um Glaubwürdigkeit zu bewahren.

Zu 3.:

Individuelle Lösungen in Anlehnung an die Ergebnisse zu AB 19 und 20.

Vorschlag für ein *Tafelbild* zur Bündelung bzw. Vertiefung der Ergebnisse von AB 19 und 20:

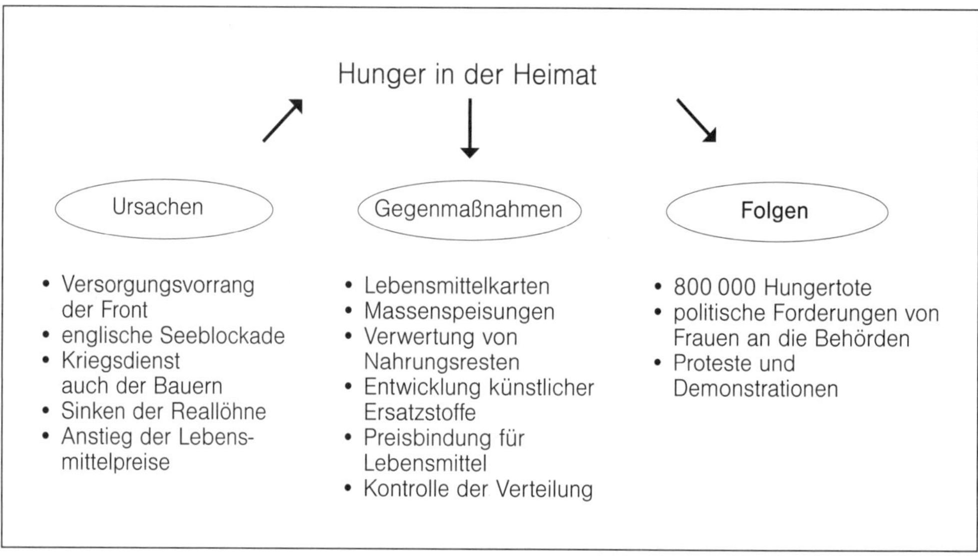

Arbeitsblatt 21

Zu 1.:
Vgl. Lösungen zu AB 2

Zu 2.:
Vgl. Tafelbildvorschlag AB 20

Zu 3.:
Vgl. Lösungen zu AB 7

Zu 4.:
Vgl. Lösungen zu AB 14

Zu 5.:
Vgl. Lösungen zu AB 4

Zu 6.:
Vgl. Lösungen zu AB 8, und AB 10

Zu 7.:

Vgl. Lösungen zu AB 16-18

8. Literatur- und Materialangaben

Didaktische Literatur

Barricelli, Michele, Schüler erzählen Geschichte. Narrative Kompetenz im Geschichtsunterricht, Schwalbach/Ts. 2005.

Bergmann, Klaus, Krieg und Kriegserfahrung, in: Geschichte lernen 8/1989, S. 8-15.

Bergmann, Klaus, Multiperspektivität. Geschichte selber denken, Schwalbach/Ts. 2000.

Kayser, Jörg u.a., Urteilsbildung im Geschichts- und Politikunterricht, Bonn 2005.

Knoch, Peter, Feldpost – eine unentdeckte Quellengattung, in: Geschichtsdidaktik 11/1986, S. 154-171.

Latzel, Klaus, Kriegsbriefe und Kriegserfahrung: Wie können Feldpostbriefe zur erfahrungsgeschichtlichen Quelle werden?, in: Werkstatt Geschichte 22/1999, S. 7-23.

Niethammer, Lutz, Alltag als historiographische Aufgabe, in: Bergmann, Klaus u.a. (Hrsg.), Geschichte im Alltag – Alltag in der Geschichte, Düsseldorf 1982, S. 11.

Pandel, Hans-Jürgen, Erzählen, in: Mayer, Ulrich u.a. (Hrsg.), Handbuch Methoden im Geschichtsunterricht, Schwalbach/Ts. 2004, S. 408-424.

Pandel, Hans-Jürgen, Geschichtsunterricht nach PISA, Schwalbach/Ts. 2005.

Schneider, Gerhard, Die Arbeit mit schriftlichen Quellen, in: Pandel, Hans-Jürgen u.a. (Hrsg.), Handbuch Medien im Geschichtsunterricht, 2. Aufl. 2007 Schwalbach/Ts., S. 15-44.

Schneider, Gerhard, Dokumente vom Krieg. Zum Wert sogenannter popularer Schriftquellen, in: Brötel, Dieter u.a. (Hrsg.), Krisen und Geschichtsbewusstsein. Mentalitätsgeschichtliche und didaktische Beiträge, Weinheim 1996, S. 13-34.

Schneider, Gerhard, Kriegspostkarten des Ersten Weltkriegs als Geschichtsquellen, in: Arnold, Klaus u.a (Hrsg.), Stationen einer Hochschullaufbahn, Dortmund 1999, S. 148-196.

Vester, Frederic, Denken, Lernen, Vergessen, München 2001

Völkel, Bärbel, Handlungsorientierung im Geschichtsunterricht, Schwalbach/Ts. 2005.

Völkel, Bärbel, Wie kann man Geschichte lehren? Die Bedeutung des Konstruktivismus für die Geschichtsdidaktik, Schwalbach/Ts. 2002.

Fachwissenschaftliche Literatur und Unterrichtsmaterialien

Berghahn, Volker, Der Erste Weltkrieg, München 2003.

Bredow, Rafaela von, Bilder machen Geschichte, in: Der Spiegel vom 18.9.06, S. 164-166.

DHM (Hrsg.), Auf zu den Waffen. Das Drama des Ersten Weltkrieges (Audio-CD), Berlin 2004.

DHM (Hrsg.), Der Erste Weltkrieg in deutschen Bildpostkarten (CD-ROM), Berlin 2002.

Flemming, Thomas/Heinrich, Ulf, Grüße aus dem Schützengraben. Feldpostkarten im Ersten Weltkrieg, Berlin 2004.

Hagener, Edith, „Es lief sich so sicher an Deinem Arm." Briefe einer Soldatenfrau, Weinheim 1986.

Hirschfeld, Gerhard u.a. (Hrsg.), Kriegserfahrungen. Studien zur Sozial- und Mentalitätsgeschichte, Essen 1997.

Kocka, Jürgen, Klassengesellschaft im Krieg. Deutsche Sozialgeschichte 1914-1918, 3. Aufl. Frankfurt/M. 1988.

Latzel, Klaus, Vom Kriegserlebnis zur Kriegserfahrung. Theoretische und methodische Überlegungen zur erfahrungsgeschichtlichen Untersuchung von Feldpostbriefen, in: Militärgeschichtliche Mitteilungen 56/1997, S. 1-30.

Schumann, Frank (Hrsg.), „Zieh dich warm an!". Soldatenpost und Heimatbriefe aus zwei Weltkriegen, Berlin (Ost) 1989.

Ulrich, Bernd, Die Augenzeugen. Deutsche Feldpostbriefe in Kriegs- und Nachkriegszeit 1914-1933, Essen 1997.

Ulrich, Bernd, Feldpostbriefe des Ersten Weltkrieges – Möglichkeiten und Grenzen einer alltagsgeschichtlichen Quelle, in: Militärgeschichtliche Mitteilungen 53/ 1994, S. 73-83.

Ulrich, Bernd (Hrsg.), Frontalltag im Ersten Weltkrieg – Wahn und Wirklichkeit. Quellen und Dokumente, Frankfurt/M. 1994.

Welter, Ursula (Red.), Feldpostbriefe. Lettres de poilus 1914-1918 (2 Audio-CDs), Berlin 1999.

Ziemann, Benjamin, Feldpostbriefe und ihre Zensur in zwei Weltkriegen, in: Beyrer, Klaus u.a. (Hrsg.), Der Brief. Eine Kulturgeschichte der schriftlichen Kommunikation, Heidelberg 1996, S. 163-170.

9. Bildquellenverzeichnis

S. 6: Museum für Hamburgische Geschichte
S. 7: SVT Bild/Das Fotoarchiv
S. 9: Privatbesitz
Q 1: Aus: Schmid, Heinz Dieter, Fragen an die Geschichte 3, Frankfurt/M. 1984, S. 274
Q 2: Aus: Geschichte und Geschehen, A 3, 2. Aufl. Stuttgart 1996, S. 280
Q 3: Aus: Geschichtsbuch 3, Neue Ausgabe, Berlin 1995, S. 262
Q 4: Bildarchiv Preußischer Kulturbesitz; Berlin
Q 5: Deutsches Historisches Museum, Berlin
M 1: Bildarchiv Preußischer Kulturbesitz; Berlin
Q 11: Aus: Bernd, Ulrich, Die Augenzeugen, Essen 1997, S. 160
Q 13: Aus: Flemming, Thomas/ Heinrich, Ulf, Grüße aus dem Schützengraben, Berlin 2004, S. 94
Q 17: Aus: Rainer Rothe (Hrsg.), Die letzten Tage der Menschheit. Bilder des Ersten Weltkrieges, Berlin 1994, S. 186
Q 19: http://www.lmg-varel.de; Zugriff: 13.7.2010
Q 21: Aus. DHM, Der Erste Weltkrieg in Bildpostkarten, Berlin 2004
Q 22: Bildarchiv Preußischer Kulturbesitz, Berlin
Q 24: Privatbesitz
Q 25: Aus: Geschichtsbuch 3, Neue Ausgabe, Berlin 1995, S. 267
Q 27: Aus: Kaufmann, Eva (Hrsg.), Herr im Hause. Prosa von Frauen, Berlin (Ost) 1989, S. 384
Q 29: Aus: Askani, Bernhard (Hrsg.), Anno. Bd. 3, Braunschweig 2003, S. 152
Q 30: Bildarchiv Preußischer Kulturbesitz; Berlin
Q 33: Aus: März, Peter, Der Erste Weltkrieg, München 2004, S. 82
Q 34: Deutsches Historisches Museum, Berlin
Q 36: Bildarchiv Preußischer Kulturbesitz; Berlin
Q 38: dpa-picture alliance

Geschichte unterrichten

Markus Bernhardt (Hrsg.)

10 Stunden, die funktionieren

Geplante und erprobte Geschichtsstunden

Jede Lehrerin und jeder Lehrer verfügt über so genannte „Sternstunden", die unabhängig von der konkreten Klasse fast immer funktionieren. Diese Stunden zeichnen sich dadurch aus, dass sie die Schülerinnen und Schüler zu fesseln vermögen: durch spannende Inhalte, abwechslungsreiche Methoden, ungewohnte Arbeitsformen, anregende Schrift- oder berührende Bildquellen, die Gegenwärtigkeit von Geschichte oder eine Kombination dieser Dinge. Es sind die Stunden, aus denen alle Beteiligten herausgehen und das Gefühl haben, wirklich etwas gelernt und dabei auch noch Spaß gehabt zu haben.

Der vorliegende Band hat zehn solcher Stunden aus allen Epochen für den Unterricht in beiden Sekundarstufen gesammelt. Er richtet sich an Studierende im Praktikum, Referendarinnen und Referendare, Berufseinsteiger und fachfremd Unterrichtende, die sich das Handlungswissen erfahrener Kolleginnen und Kollegen nutzbar machen wollen.

ISBN 978-3-7344-0376-7,
112 S., € 24,80

Aus dem Inhalt

„Liberté, Egalité, Fraternité"? Die Erklärung der Menschen- und Bürgerrechte 1789 I Der 20. Juli 1944 – Ist Stauffenberg ein Held? I Propaganda zur Rechtfertigung von Krieg – Der Überfall auf den Sender Gleiwitz am 1. September 1939 I „Clash of Cultures" im 16. Jh. – Landwirtschaft im Inkareich und in Europa im Vergleich I Bäuerliche Ernährung vor 1800 I Der „Lange Hunderter" von 1908 – Geld als Quelle I An einer Atombombenexplosion teilnehmen I Schülermanifest aus dem Jahre 1968 I Der „Schwarze Tod" in Europa – Menschen in der Krise I Gerichtsakten als Quelle: Grossadmiral Karl Dönitz – Das Urteil

www.wochenschau-verlag.de

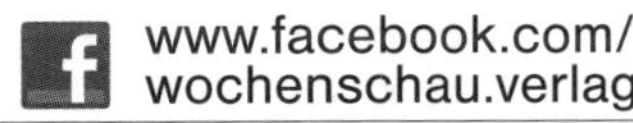
www.facebook.com/
wochenschau.verlag

@wochenschau-ver

Adolf-Damaschke-Str. 10 | 65 824 Schwalbach/Ts. | Tel.: 06196/86065 | Fax: 06196/86060 | info@wochenschau-verlag.de